Horizons

Série : Camarades de différentes religions

Livre 3 Manuel d'enseignement religieux au niveau élémentaire

BREAKWATER

100, rue Water
C. P. 2188
St. John's, Terre-Neuve-et-Labrador
A1C 6E6

Rédaction : Catherine Hicks (Maggs), Melissa Nance

Auteur : Dr Michael Newton

Consultation pédagogique : Dr Wynanne Downer, Dr Ed Jones

Illustrations : Antonia McGuane

Traduction : Dr Anne Thareau et Dr Scott Jamieson
Adaptation et révision : Programmes de langues, Ministère de l'Éducation

Breakwater Books Ltd. remercie le groupe de travail sur l'enseignement religieux au niveau élémentaire du ministère de l'Éducation pour sa contribution à ce projet.

Tous les textes de la Bible sont extraits de la Bible en français courant, Société biblique canadienne, 1997.

Breakwater Books Ltd. aimerait reconnaître l'aide de nos conseillers des différents systèmes de croyances : Le révérend Christopher Snow, Mme Carol Brice-Bennett, Mme Robin McGrath, Chef Mi'sel Joe, M. Peter Armitage, M. Hamid Saleemi et M. David H. Rendell

Données de catalogue avant publication (Canada)
Camarades de différentes religions

Newton, Michael, 1944-
       Horizons / Michael Newton.
Pour les élèves de sixième année.
Traduction de : Horizons.
ISBN 1-55081-187-8

1. Religions-Littérature jeunesse. I. Titre.

BL92.N48414 2002   291   C2002-905589-X

Canada
Nous remercions le Gouvernement du Canada pour son soutien par le biais du Programme d'aide au développement de l'industrie de l'édition (PADIÉ), et du Programme des langues officielles en éducation (PLOÉ).

Imprimé au Canada.

Horizons

Table des matières

Nouvelles perspectives

Une nouvelle façon de voir

Conseils pour le voyage

Croyances et traditions

Avertissement

Dans ce manuel, le masculin est utilisé comme représentant des deux sexes, sans discrimination à l'égard des hommes et des femmes et dans le seul but d'alléger le texte.

Océan Arctique

Groenland

Islande

États-Unis

Canada

Nain

Happy Valley-Goose Bay

St. Anthony

Surrey, C.-B.

Amérique
du Nord

Corner Brook

St. John's

Conne River

Ottawa

Toronto

États-Unis

Océan Atlantique

Mexique

Afrique

Riobamba

Équateur

Amérique
du Sud

Océan Pacifique

Cordillère des Andes

Le monde

Océan Arctique

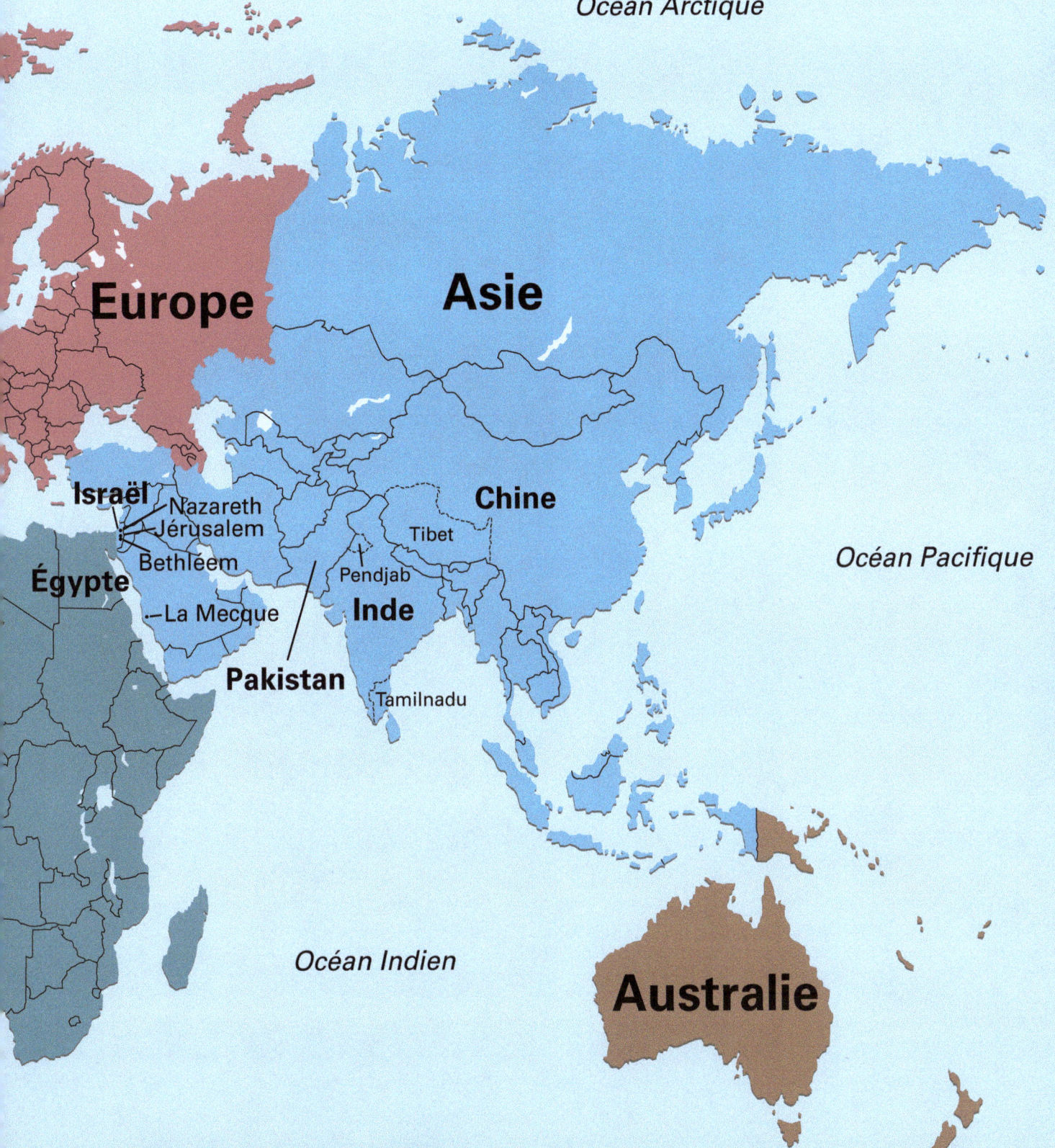

Europe

Asie

Israël
Nazareth
Jérusalem
Bethléem

Chine

Tibet

Égypte

Pendjab

Océan Pacifique

La Mecque

Inde

Pakistan

Tamilnadu

Océan Indien

Australie

■ Amérique du Nord	■ Afrique
■ Amérique du Sud	■ Asie
■ Europe	■ Australie

Nouvelles perspectives

Première partie

En route

En bref   M. Kerfont discute avec son fils Robert avant de prendre une décision importante.

« Papa, le courrier est arrivé, a annoncé Robert. Je vais le laisser sur la table de l'entrée. » Il est monté en courant pour finir de se préparer pour l'école.

M. Kerfont mangeait lentement ses céréales en pensant à son fils. L'année avait été difficile pour tous les deux. La mère de Robert était morte en février et ils avaient quitté Ottawa en juin pour revenir habiter à Corner Brook. Ils avaient passé beaucoup de temps ensemble durant l'été. Aujourd'hui, Robert entrait en sixième année dans une nouvelle école.

Ça fait beaucoup de choses à la fois pour lui, a pensé M. Kerfont. « Heureusement qu'il se fait des amis facilement », s'est-il dit en secouant la tête. M. Kerfont savait que Robert allait retrouver son ami Hameed à l'école ce matin-là. Il était heureux que Robert ait déjà un ami dans sa nouvelle école.

Lorsqu'ils étaient arrivés au début de l'été, Robert se promenait dans le quartier. Il marchait dans la rue et il a rencontré Hameed qui était assis sur les marches de sa maison. La famille d'Hameed est musulmane. Robert et lui avaient le même âge et aimaient faire les mêmes choses, alors ils sont vite devenus amis. Grâce à ce nouvel ami, Robert se sentait plus à l'aise ce premier jour dans sa nouvelle école.

Même si tout n'était pas parfait pour les Kerfont, les choses commençaient à s'arranger. Ils avaient trouvé, à l'église, ce que M. Kerfont appelait une « nouvelle famille ». Les membres de l'assemblée, surtout la révérende Martin et sa famille, les avaient bien accueillis et les Kerfont se sentaient déjà chez eux.

Cet été-là, M. Kerfont s'était engagé bénévolement dans différents projets communautaires organisés par son église pendant qu'il cherchait un emploi. Il avait aussi pris des contacts avec ses amis **innus**, **inuits** et **mi'kmaq**. Il avait travaillé avec eux avant de déménager à Ottawa il y a trois ans. M. Kerfont avait beaucoup appris sur l'environnement avec eux. Il était content d'avoir repris contact.

Au deuxième étage, Robert pensait à son père en se brossant les dents. Il était un peu inquiet.

« Je me demande ce que papa va faire pendant que je suis à l'école toute la journée », s'est-il dit. Un cri soudain de son père a interrompu ses pensées.

« Ça y est, je l'ai eu ! »

Robert est descendu en courant. « Qu'est-ce que tu as ? »

Son père était debout dans le hall d'entrée. Il tenait une lettre à la main et avait un grand sourire. « Tu te souviens de cette entrevue que j'ai eue la semaine dernière ? Eh bien ! J'ai le poste. C'est la lettre d'embauche. »

« Ah, c'est formidable ! » a dit Robert qui ressentait l'enthousiasme de son père. « Quand commences-tu ? »

« Ils aimeraient que je commence la semaine prochaine, mais toi et moi devons en parler d'abord. »

« Qu'est-ce que tu veux dire ? De quoi faut-il parler ? »

M. Kerfont a expliqué : « C'est exactement le genre d'emploi que je cherchais mais je veux être sûr que tu es d'accord avant d'accepter l'offre. »

❖ ❖ ❖

Innu

Le peuple innu vit dans l'est du Québec et au Labrador. Le mot « innu » veut dire humain.

Inuit

Les Inuits vivent le long de la côte du Labrador et dans tout le Nord du Canada. Le mot « Inuit » veut dire les hommes.

Mi'kmaq
(mig mah)

Les Mi'kmaq vivent sur les côtes de Gaspésie et des provinces de l'Atlantique du Canada et du nord-est des États-Unis. Le mot « Mi'kmaq » veut dire le peuple.

« Pourquoi, papa ? a demandé Robert. C'est ton travail, si ça te plaît, prends-le. Pourquoi est-ce que tu veux savoir ce que j'en pense ? »

« Parce que ça aura des conséquences pour toi. Je devrai voyager assez souvent. Et ce sera peut-être difficile parfois, d'autant plus que ta mère n'est plus avec nous. Tu pourras aller chez la révérende Martin et sa famille. Je sais que tout ira bien mais je pense que ce serait mieux que je sois là pour toi. »

« Mais papa, si c'est un emploi qui te plaît, il faut le prendre, a répondu Robert. Il te faut un travail et je veux que tu sois heureux, toi aussi. Je suis assez grand pour m'occuper de moi-même.

Le carcajou est une espèce en voie de disparition au Labrador et au Québec. Il y a un programme pour protéger les espèces menacées au Labrador qui essaie d'augmenter le nombre de carcajous.

« C'est quoi ce travail ? Est-ce qu'il y a un rapport avec ce que tu faisais auparavant ? »

« Oui, le gouvernement a besoin d'un scientifique pour mettre en place différents projets en rapport avec la faune, a-t-il expliqué. Si je prends ce poste, je devrai voyager dans toute l'île et quelquefois je devrai aller au Labrador. »

« Super, ça a l'air très intéressant ! Est-ce que tu pourras continuer ton projet avec les carcajous ? »

« C'est ça qui est bien. Je crois en fait que c'est en partie grâce à mon intérêt pour les carcajous que j'ai obtenu ce poste. Ils veulent quelqu'un qui va travailler à augmenter la population des carcajous. Je suis certain que j'irai au Labrador pendant tes vacances, alors tu pourras venir avec moi. »

«Alors, il faut que tu acceptes cet emploi ! » a dit Robert avec enthousiasme.

« Il y a autre chose qui t'intéressera peut-être. Les Mi'kmaq de Conne River organisent une conférence d'une fin de semaine pour cet automne. Ils m'ont dit que les familles sont invitées. Si j'accepte cet emploi, tu pourras venir avec moi à Conne River. »

« Ça me plairait beaucoup, a dit Robert. Tu vois, ce ne sera pas si mal si tu voyages. Je peux t'accompagner parfois. »

« C'est sans doute vrai, a répondu M. Kerfont. Tu verras beaucoup de choses fascinantes et tu rencontreras des gens intéressants, surtout quand nous visiterons certaines communautés autochtones. Tu verras que la vie spirituelle des **peuples autochtones** est en rapport étroit avec la terre. Mes amis des communautés autochones me manquent. Je serais content de travailler avec eux de nouveau. »

« Et j'aimerais les rencontrer, a ajouté Robert. Tu as tellement parlé de leurs croyances spirituelles et de leur style de vie que j'aimerais bien y aller moi aussi. Ça a l'air très important pour toi. »

« Oui, a répondu M. Kerfont. Ces rencontres nous aideront tous les deux à rester en contact avec le monde naturel. Cela nous fera voir aussi ce que c'est que de faire partie de la création de Dieu. Et c'est un travail que je peux faire en y mettant tout mon cœur. J'y crois. »

❖ ❖ ❖

Les peuples autochtones
Les premiers habitants d'un endroit. On dit aussi « les premières nations ».

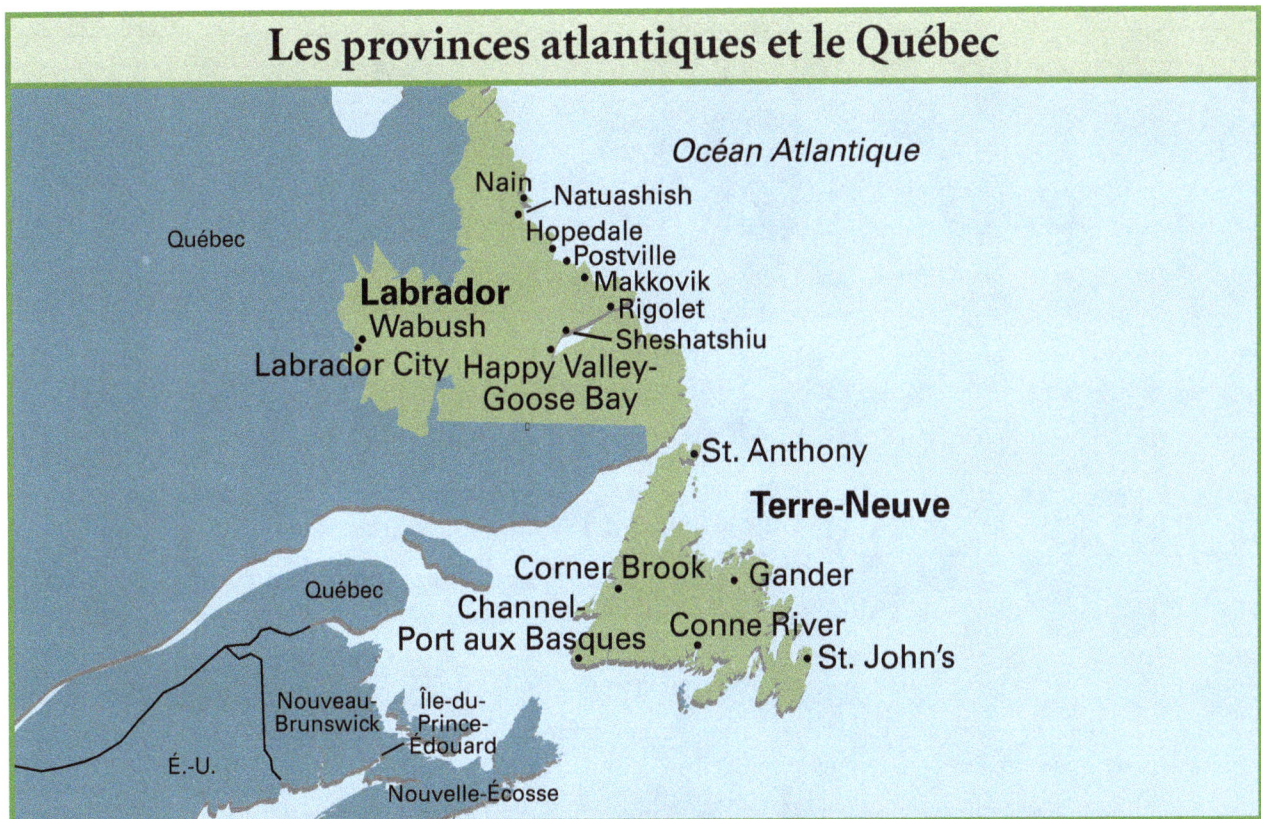

Les provinces atlantiques et le Québec

Océan Atlantique

Québec

Nain • Natuashish
Hopedale
• Postville
• Makkovik
Labrador • Rigolet
• Wabush — Sheshatshiu
Labrador City Happy Valley-
Goose Bay

• St. Anthony

Terre-Neuve

Corner Brook • Gander
Québec Channel-
Port aux Basques Conne River
• St. John's

Nouveau- Île-du-
Brunswick Prince-
Édouard
É.-U.
Nouvelle-Écosse

Cette carte montre les provinces atlantiques. Peux-tu identifier les endroits où habitent les Mi'kmaq, les Inuits et les Innus à Terre-Neuve-et-Labrador ?

« Alors, ça veut dire que tu vas accepter ce travail ? » a demandé Robert.

« Je pense que oui, a répondu M. Kerfont. Je vais envoyer ma lettre d'acceptation aujourd'hui. »

« Très bien, a dit Robert. Quelle heure est-il papa ? Je dois rencontrer Hameed devant l'école avant que la cloche sonne. »

Le père de Robert a regardé sa montre.

« Oh non ! Tu as raté l'autobus, a-t-il dit. Je vais te conduire. Il ne faut pas être en retard le jour de la rentrée. Allons-y. »

En route pour l'école, assis dans la camionnette qui lui était si familière, Robert s'est senti plus léger. Il était content de vivre de nouveau à Corner Brook. De plus, il avait hâte de commencer l'année dans cette nouvelle école et s'était déjà fait un ami. Il était content aussi parce que son père avait trouvé un emploi qu'il aimait.

Quand ils sont arrivés à l'école, Robert n'était plus inquiet que son père reste seul à la maison toute la journée. Il était heureux de voir sa nouvelle classe et de faire la connaissance de nouveaux camarades. La cloche sonnait au moment où il sortait de la camionette pour aller rejoindre Hameed. ❖

Corner Brook, Terre-Neuve-et-Labrador

Discussion

❑ M. Kerfont devait prendre une décision importante. Pourquoi voulait-il que Robert participe à sa décision ? En quoi les membres d'une famille influencent-ils les décisions ?

❑ Le père de Robert croit que les humains font partie de la création de Dieu. D'après toi, que veut-il dire ?

Réflexion

❑ Que penses-tu du titre « En route » ? Explique ton opinion.

❑ M. Kerfont pensait qu'il pouvait compter sur l'aide de la révérende Martin s'il devrait s'absenter pour son nouvel emploi. Robert se sentait plus à l'aise d'aller dans une nouvelle école car il connaissait Hameed. Pourquoi est-il important que les gens s'entraident ?

C'est génial !

En bref La classe de M. Aziz parle du matérialisme.

C'était le jeudi matin de la première semaine d'école. Michèle a aperçu son amie Josée qui montait dans l'autobus.

« Ici, Josée », a-t-elle appelé. Josée a souri en s'asseyant à côté de Michèle.

« Tu te rends compte qu'on a presque fini la première semaine de la sixième année ? » a demandé Josée. Michèle n'a pas répondu. Elle regardait le centre commercial à travers la vitre.

« Tu vois ce panneau ? a dit Michèle. On annonce une vente pour demain. Vingt pour cent de réduction sur tout. »

« Oh, il faut qu'on y aille ! a répondu Josée, ravie. Je demanderai à Maman si elle peut nous conduire. »

Pendant le trajet en autobus, les deux filles ont fait une liste de toutes les choses qu'elles voulaient acheter. Elles ont comparé les marques qu'elles préféraient

pour les jeans, les chaussures de sport et les tee-shirts. Puis elles ont changé de sujet de conversation.

« Notre classe est assez sympa cette année, a dit Josée. Enfin, je veux dire jusqu'ici. »

Michèle était d'accord. « Oui, nous connaissons presque tout le monde depuis l'an dernier…sauf le nouveau garçon, Robert Kerfont. »

« Il a l'air gentil. Quelqu'un a dit qu'il habitait ici avant et qu'il est parti à Ottawa », a dit Josée.

« Samantha n'a pas changé, a murmuré Michèle. As-tu vu ce qu'elle porte ? »

Samantha était assise quelques bancs devant elles. C'était une fille très calme qui ne semblait pas avoir beaucoup d'amis. La plupart des filles dans la classe pensaient qu'elle était gentille mais quelques-unes étaient jalouses parce qu'elle avait toujours les meilleures notes.

« On dirait qu'elle porte le pantalon de sa mère. Il est démodé », a continué Michèle.

Josée a réfléchi un moment. « Peut-être qu'il lui plaît. Elle porte souvent des choses originales. Tu te souviens, l'an dernier elle portait souvent un chapeau bizarre. Il n'était pas vraiment laid. Mais enfin, on ne m'aurait jamais fait porter ça. Quand même si ça lui plaît, qu'est-ce que ça peut faire ? »

« D'accord, mais personne ne porte ce genre de choses. C'est vraiment pas génial », a répondu Michèle. Elle a rejeté ses cheveux en arrière et s'est préparée à descendre de l'autobus dans la cour de l'école.

En entrant en classe, les deux filles parlaient toujours des vêtements qu'elles espéraient acheter le lendemain. Un questionnaire intitulé « Être ou ne pas être *cool* » les attendait sur leurs pupitres.

« M. Aziz ne doit pas savoir ce qui est *cool* », a murmuré Michèle à Josée en regardant son questionnaire.

« Je ne dirais pas ça, a répondu Josée. Je l'ai vu faire du jogging hier soir. Il portait des vêtements de sport géniaux. »

« Bonjour tout le monde, a dit M. Aziz. Nous avons passé du temps à nous connaître pendant ces derniers jours. Et nous allons continuer pendant toute l'année. Le début de l'année marque toujours un nouveau départ. » M. Aziz s'est tourné vers Joseph. « C'est aussi un nouveau début pour vous et votre famille, n'est-ce pas Joseph ? Raconte ce que tu m'as dit. »

Joseph a commencé : « Comme vous le savez, ma famille et moi sommes juifs et ce mois-ci, c'est le Nouvel An juif. Nous l'appelons Rosh Hashana et il est suivi par Yom Kippour, ce qui veut dire le jour du grand pardon. Pendant cette période, nous réfléchissons à ce que nous avons fait de mal, nous demandons pardon aux gens que nous avons offensés et nous nous préparons pour un nouveau départ et une nouvelle année. »

« Merci Joseph », a dit M. Aziz. Il s'est retourné vers les autres élèves et a dit : « Je veux que nous prenions tous un nouveau départ et que nous regardions les choses d'une autre façon. Premièrement, chacun va apprendre à se connaître. »

Certains élèves avaient l'air surpris par les paroles de M. Aziz.

« Oui, c'est bien ce que je veux dire. C'est un but important d'apprendre à se connaître. Beaucoup de gens ne peuvent pas répondre à des questions telles que : Qui suis-je ? Je crois en quoi ? Quelles sont mes valeurs ? Et ce sont les réponses aux questions comme celles-là qui nous font choisir ce que nous choisissons et faire ce que nous faisons. »

« Est-ce que c'est pour cette raison que vous nous avez donné ce questionnaire ? » a demandé Joseph.

« Oui, en partie, a répondu M. Aziz. Il y a différentes façons de penser aux vêtements que vous portez, à la nourriture que vous mangez et aux activités que vous faites. Ce questionnaire vous aidera à comprendre ce que vous considérez comme génial. Je suis certain que nous verrons qu'il y a différentes opinions et différentes attitudes dans la classe. Je veux que vous en soyez conscients et que vous pensiez à vos propres valeurs. »

« Alors, s'il vous plaît, suivez les instructions et complétez le questionnaire. N'écrivez pas votre nom sur la feuille. Je vais les ramasser et nous discuterons des réponses un autre jour. »

Être ou ne pas être cool

L'enquête de *Kids World*

Questionnaire

Comment vos attitudes face à ce qui est cool se comparent-elles à celles des autres enfants ? Pour le savoir, vous n'avez qu'à répondre aux questions ci-dessous !

1. Croyez-vous qu'il soit important d'avoir des vêtements et des accessoires cool ? Encerclez la réponse de votre choix.
   a) Très important
   b) Assez important
   c) Pas important

2. Nommez les cinq premières marques de vêtements, d'aliments et d'articles de sport, par exemple, qui vous viennent à l'espirit. (Ne réfléchissez pas, écrivez simplement les noms qui vous passent par la tête !)
   1. _____
   2. _____
   3. _____
   4. _____
   5. _____

Le lendemain lorsque les élèves se sont rassemblés pour la classe d'enseignement religieux après la récréation, M. Aziz a attiré leur attention sur certaines choses qu'il avait écrites sur le tableau. À côté d'un texte de la Bible, il y avait le mot « matérialisme ».

Matérialisme

Écriture sainte
Nouveau Testament

« Et pourquoi vous inquiétez-vous au sujet des vêtements ? Observez comment poussent les fleurs des champs : elles ne travaillent pas, elles ne se font pas de vêtements. Pourtant, je vous le dis, même Salomon, avec toute sa richesse, n'a pas eu de vêtements aussi beaux qu'une seule de ces fleurs. »

Matthieu 6. 28-29

M. Aziz l'a montré du doigt. « Avez-vous déjà entendu ce mot ? » a-t-il demandé.

Quelques élèves ont fait oui de la tête.

« D'après vous, qu'est-ce qu'il veut dire ? Quelqu'un a une idée ? »

Il y a eu un silence pendant un moment. Puis Josée a dit : « Je ne suis pas certaine, mais y a-t-il un rapport avec le fait de toujours vouloir de nouvelles choses ? »

« Oui, a répondu Robert. Comme toujours vouloir les choses à la dernière mode. »

« Ou ne jamais être satisfait de ce que l'on a », a ajouté Samantha.

« Bien, a dit M. Aziz. Vous avez compris ! Le matérialisme c'est quand on s'inquiète trop des choses matérielles. Il donne parfois une vision très étroite de ce qui a de la valeur. »

« Est-ce que vous voulez dire : ne pas aimer les gens parce qu'ils ne portent pas des vêtements à la dernière mode ou des vêtements de marque ? » a dit Josée.

« C'est la raison pour laquelle vous nous avez donné ce questionnaire », a ajouté Michèle.

« Oui, a dit M. Aziz. Et maintenant, regardez le passage de la Bible que j'ai écrit au tableau. Jésus a dit ceci aux gens qui venaient l'écouter. »

Les élèves ont lu le passage en silence.

« Excusez-moi, Monsieur, a dit Josée. Qui était Salomon ? »

« C'était un ancien roi d'Israël qui était très riche. Il a construit des palais magnifiques et il a vécu dans le luxe », a répondu M. Aziz.

« Michèle, que dit Jésus dans ce passage ? »

« Je ne suis pas certaine, a répondu Michèle. Je suppose que Jésus ne veut pas que les gens s'inquiètent trop de leurs vêtements et il utilise les fleurs en exemple. »

« Oui, a ajouté Samantha. Il dit qu'elles sont mieux habillées que le roi Salomon. »

« Je n'ai jamais pensé que les fleurs portaient des vêtements », a ajouté Robert.

« Je crois que Jésus veut dire que les gens qui le suivent devraient s'occuper de choses importantes et laisser Dieu s'occuper du reste », a dit Michèle.

« Est-ce que quelqu'un a des commentaires ? » a demandé M. Aziz.

Le roi Salomon tenant le temple, 1890, Sir Edward Burne-Jones

Ces fleurs sont des lys. Les lys ont une signification particulière pour les chrétiens. Cherche pourquoi les lys blancs sont présents dans les célébrations de Pâques.

Hameed a pris la parole : « J'ai quelque chose à partager avec vous.

« Dans le Coran, il y a un enseignement qui dit qu'il est plus important de donner de l'argent pour aider que de posséder beaucoup de choses et des articles de fantaisie. Je peux vous le réciter. »

« D'accord. Parle lentement, s'il te plaît pour que je l'écrive au tableau en même temps », a répondu M. Aziz.

« Oui, bien sûr. Voici ce que dit le Coran :

Écriture sainte
Coran

*A*gissez avec bonté envers vos père et mère, les proches, les orphelins, les pauvres, le proche voisin, le voisin lointain, le collègue et le voyageur, et les esclaves en votre possession, car Allah n'aime pas, en vérité, le présomptueux, l'arrogant.

Sourate 4.36

« Merci Hameed. Je crois que nous comprenons tous qu'aider les autres et faire le bien sont des valeurs plus importantes que les biens matériels. Nous devrions tous réfléchir à la manière dont le matérialisme nous touche. »

Plus tard, quand Josée et Michèle ont pris l'autobus pour rentrer à la maison, Michèle réfléchissait à la discussion de classe.

« Qu'est-ce qui se passe Michèle ? a demandé Josée. Tu as l'air tranquille. Je pensais que tu serais vraiment contente parce qu'on va magasiner demain. »

« Je réfléchissais. Tu te souviens de ce que Joseph a dit au sujet du nouveau départ au début de chaque année, qu'il faut penser à ce qu'on a fait de mal ? » a demandé Michèle.

« Oui, a répondu Josée. Pourquoi ? »

« Eh bien, quand on parlait de matérialisme, je me suis rendu compte qu'il n'est pas essentiel de porter des vêtements géniaux. Il y a des choses plus importantes, comme être bon par exemple. Je regrette d'avoir jugé Samantha parce que je pensais que ses vêtements étaient bizarres. Ils sont différents, c'est tout », a dit Michèle.

« Je pense que tu as raison, a répondu Josée. Mais ne sois pas trop dure avec toi-même. Pense seulement que c'est un nouveau départ pour toi. Maintenant que tu comprends ça, tu peux changer ta façon de voir Samantha. »

Michèle a pensé à ce que Josée avait dit et a décidé qu'elle ne s'intéresserait plus autant aux vêtements que portaient ses camarades de classe. ❖

Le papillon est un exemple de la beauté de la nature.

Discussion

❑ M. Aziz dit que ce sont nos croyances, nos valeurs et nos attitudes qui influencent les choix que nous faisons. D'après toi, que veut-il dire ? Est-ce que tu peux en donner des exemples ?

Réflexion

❑ M. Aziz dit qu'il est important d'apprendre à se connaître. Qu'est-ce que tu sais de toi-même ? En quoi crois-tu ? Écris une ou deux phrases qui expriment quelque chose que tu connais sur toi-même. Commence tes phrases par « Je crois que… »

Activité créatrice

❑ Fais une présentation artistique de quelque chose qui a une beauté naturelle pour toi. Ça peut être un tableau, une saynète ou un montage sonore.

L'histoire de la création selon les Mi'kmaq

| **En bref** | Robert découvre les croyances mi'kmaq au sujet de la création. |

Ce vendredi soir-là, Robert appréciait le long trajet entre Corner Brook et la réserve **Miawpukek** de Conne River. Il parlait avec son père et ils écoutaient de la musique. C'était aussi la tâche de Robert de surveiller s'il y avait des orignaux sur la route.

Quand ils ont quitté la route Transcanadienne juste après Bishop's Falls, Robert était très content. Il n'avait encore jamais pris cette direction. Pourtant, il l'avait souvent passée en allant à St. John's.

❖ ❖ ❖

Miawpukek
(Mia pu kek)

« Ce n'est plus très loin, a dit M. Kerfont. Il commence à faire noir. Fais attention aux orignaux ! »

Les Kerfont allaient assister à une conférence sur la spiritualité des autochtones organisée par les Mi'kmaq. Ils allaient loger chez les Smith. Robert avait hâte de rencontrer leurs enfants, Corina et Raymond. Comme Robert, Corina était en sixième année.

Il était tard quand ils sont arrivés chez les Smith. Ils n'ont pas vraiment eu le temps de se parler ce soir-là.

Le samedi matin M. Kerfont devait faire une présentation alors Robert est resté avec les enfants Smith. Corina et son jeune frère, Raymond, ont fait visiter la communauté à Robert. Dans l'après-midi, ils sont allés dans la salle paroissiale où ils ont écouté l'histoire de la création selon les Mi'kmaq. Cette histoire a été présentée par un **aîné** mi'kmaq. Corina faisait partie des enfants de Miawpukek qui participaient à une saynète.

La saynète parlait de **Gisoolg**, le grand esprit créateur qui a tout créé. Robert a appris que Gisoolg n'est ni homme ni femme. Gisoolg a créé le monde et a placé tous les animaux et toutes les plantes sur terre. Puis Gisoolg a envoyé un éclair. Quand l'éclair a frappé le sol, il a fabriqué un être humain avec le sable. C'était Glooscap mais il ne pouvait pas bouger. Glooscap a appelé Gisoolg pour lui demander la liberté de se déplacer. Le soleil, la lune et les étoiles traversaient le ciel ; les animaux parcouraient la terre et les plantes poussaient et mouraient, mais Glooscap n'avait pas cette liberté.

Un autre éclair a donné à Glooscap ce qu'il cherchait. Il s'est mis debout et a marché. Tout d'abord, il a regardé vers le ciel pour remercier Gisoolg de lui avoir donné la vie. Il a regardé vers le sol sous ses pieds et a rendu grâce car il avait ainsi du sable pour sa création. Il a remercié le soleil car le soleil lui avait donné une âme.

La saynète s'est terminée quand Glooscap s'est tourné dans chacune des quatre directions et a rendu grâce à l'est, au nord, à l'ouest et au sud.

À la fin de la saynète, Robert a retrouvé son père. Tout le monde se dirigeait vers la salle communautaire. Robert a raconté à son père l'histoire de la création selon les Mi'kmaq.

« C'est vraiment intéressant, lui a dit son père. Tu sais, a-t-il dit, il y a beaucoup d'histoires de la création ; elles dépendent des cultures et des systèmes de croyances, a-t-il ajouté. Si on les étudie, on se rend compte que la plupart des histoires de différentes parties du monde parlent d'un être divin, d'un être spirituel qui est responsable de la création. »

Robert réfléchissait en marchant. Il s'est rendu compte qu'il aimerait en savoir plus au sujet des croyances des gens des différentes parties du monde. Il était heureux d'avoir eu la chance de découvrir l'histoire de la création selon les Mi'kmaq. ❖

❖ ❖ ❖

L' Aîné

Le titre d'aîné est attribué à une personne en signe de respect et de reconnaissance de sa sagesse et sa connaissance du passé.

Gisoolg
(gi soolg)

Une interprétation artistique de l'histoire de Glooscap

Discussion

❑ Revois l'histoire de la création selon les Mi'kmaq. Comment cette histoire montre-t-elle le rapport entre toutes les choses ? Pourquoi est-ce que le monde naturel est aussi important pour Glooscap ?

❑ Dans l'histoire, Glooscap rend grâce au ciel, à la terre, au soleil et aux quatre directions. Que sais-tu sur la manière dont les gens rendent grace dans les différentes religions ?

Réflexion

❑ Dans cette partie, Robert a appris l'histoire de la création humaine selon les Mi'kmaq. Il a conclu qu'il veut en savoir plus sur les croyances des différents peuples du monde. Pense à certaines choses que tu aimerais apprendre dans le programme d'enseignement religieux de cette année.

❑ Cherche deux autres histoires de la création. Fais un diagramme de Venn pour montrer leurs ressemblances et leurs différences.

Glooscap représenté par un masque de maïs

Activité créatrice

❑ L'histoire de la création selon les Mi'kmaq suggère un lien fort entre toutes choses. Cherche des exemples qui illustrent cette idée dans cette histoire. Fais un dessin ou une peinture dans lequel tu illustreras le lien entre toutes les choses.

Une promenade dans les bois

En bref Robert explore des croyances chrétiennes et autochtones au sujet de l'environnement.

La semaine suivante, Robert faisait ses devoirs à la table de la cuisine quand le téléphone a sonné.

C'était Diane. Elle dirigeait le groupe de jeunes qui se réunissait le jeudi soir.

« Bonjour Robert, a dit Diane. J'ai entendu parler de ta visite à la réserve de Miawpukek à Conne River. J'ai pensé que ce serait une bonne idée que tu en parles à la prochaine rencontre du groupe de jeunes. Qu'est-ce que tu en penses ? »

« Je pourrais le faire », a répondu Robert. Ça ne le dérangeait pas.

En raccrochant le téléphone, il a expliqué à son père ce que Diane lui avait demandé.

« Heureusement, la conférence a eu lieu il y a seulement quelques jours, a dit M. Kerfont. La plupart des choses seront encore fraîches dans ta mémoire. »

Robert a commencé à se préparer. Il prenait des notes en repensant aux détails de la fin de semaine passée. Il pensait que le groupe s'intéresserait surtout à ce qui s'était passé le dernier jour de la conférence. Robert a écrit dans son carnet :

Dimanche matin, mon père et moi, ainsi que beaucoup d'autres participants, avons assisté à une cérémonie à l'église catholique Sainte-Anne. Même si beaucoup de Mi'kmaq sont chrétiens, ils n'ont pas oublié leurs croyances traditionnelles, surtout celles qui concernent le respect du monde naturel. Ce jour-là, l'écriture sainte était extraite de la Genèse. Elle décrit comment Dieu a créé le monde et toutes les créatures qui y vivent.

Après la lecture, le prêtre, le père Gautier a expliqué que les chrétiens croient que parce que les humains sont faits à l'image de Dieu, ils ont le devoir de prendre soin de la Terre, la création de Dieu. « Abuser l'environnement, c'est trahir la confiance que Dieu a mise dans les gens. En tant que chrétiens, nous devons protéger l'environnement », a dit le père Gautier. J'étais d'accord, mais je me demandais comment je pouvais aider.

À la fin de la cérémonie, tout le monde a chanté un de mes hymnes préférés, « Dieu m'a donné ».

Ce jour-là, après le déjeuner, un aîné mi'kmaq a emmené les jeunes en randonnée. Corina et moi y sommes allés aussi. Corina a expliqué : « Les gens considèrent que les Aînés de notre communauté sont des sages et qu'ils connaissent beaucoup du passé. Nous leur demandons des conseils. Ils sont aussi de bons conteurs. »

En marchant le long du sentier, l'Aîné nous a raconté que les Mi'kmaq et les autres peuples autochtones ne considèrent pas leurs croyances et leurs pratiques comme une religion comme le font beaucoup de gens. Leurs croyances et leurs pratiques font partie de leur vie de tous les jours.

Il l'a expliqué de cette façon : « Les Mi'kmaq ne font pas de différences entre ce qui est naturel et ce qui est surnaturel ou spirituel. D'après les croyances mi'kmaq, nous autres les humains ne sommes pas les seuls à posséder un esprit ; les animaux, les rivières et même les rochers peuvent avoir un esprit également. »

L'Aîné a continué ses explications : « Notre peuple croit que Manitou est un esprit qui remplit l'univers. Nous ne nous considérons jamais comme supérieurs à quelqu'un ou quelque chose car nous partageons tous le même esprit. Les animaux et les gens sont égaux. Alors, quand nous devons tuer des animaux pour

Beaucoup de Mi'kmaq de Conne River vont à l'église catholique Sainte-Anne.

Geai du Canada

Durbecs des sapins

leurs peaux et pour nous nourrir, nous montrons notre respect pour les animaux et nous prions pour leur vie. »

Quand l'Aîné a arrêté de parler, tout le monde est resté debout en pensant à ce qu'il venait de dire. On n'entendait pas un mot, et c'était calme dans les bois. Il n'y avait pas de vent et j'étais surpris de ce silence. J'étais debout avec les autres, appréciant le calme et la beauté du paysage. En silence, un couple de geais du Canada s'est joint à nous. Les oiseaux sont restés près du groupe, volant de branche en branche tandis que notre groupe continuait sa randonnée. Ils semblaient très dociles. Quelqu'un a dit qu'ils cherchaient de la nourriture mais j'avais l'impression que notre groupe attirait leur curiosité.

L'Aîné a parlé de nouveau : « Je vais vous raconter une histoire », a-t-il dit. Tout le monde s'est arrêté pour l'écouter. « Il y a bien longtemps, des Européens exploraient l'intérieur de Terre-Neuve, avec un guide mi'kmaq. Un jour, un des Européens a essayé de tuer un de ces oiseaux. Le guide mi'kmaq a levé la main et ne l'a pas laissé tirer. On n'avait pas besoin de cet oiseau pour manger. Il a dit à l'homme que s'il tuait ce geai du Canada, il ne pourrait plus utiliser son fusil. Le fusil éclaterait et ne tirerait plus jamais en ligne droite. L'Européen a obéi au guide et il a reposé son fusil. »

J'avais déjà vu des geais du Canada et des durbecs voler dans les bois derrière ma maison à Corner Brook. Je ne pouvais pas m'empêcher de penser que j'avais souvent regretté de ne pas avoir de fusil à plomb car je pensais que ce serait amusant de leur tirer dessus. Après tout, c'était des cibles faciles. J'étais heureux que mon père ne me permette pas d'avoir un fusil à plomb.

Quand nous sommes rentrés de la randonnée, j'ai dit à Corina que l'histoire de cet aîné m'avait aidé à comprendre pourquoi mon père ne voulait pas que j'aie un fusil à plomb.

« Les Aînés nous enseignent nos traditions et nos croyances par des histoires, a dit Corina. Nous écoutons leurs enseignements et nous réfléchissons au lien qu'ont les enseignements avec nos actions et avec les choix que nous faisons. Après avoir écouté l'histoire, tu as réfléchi à la manière dont tu traites l'environnement et ses créatures vivantes. »

Je sais maintenant que les Mi'kmaq s'intéressent à l'environnement en tenant compte de leurs croyances chrétiennes mais aussi de leurs croyances spirituelles autochtones.

Robert a fini son récit. J'ai vraiment beaucoup d'informations à partager avec le groupe de jeunes, a-t-il pensé. ❖

Conne River, Terre-Neuve-et-Labrador

La communauté de Conne River, Terre-Neuve-et-Labrador

Discussion

❑ De quelle manière tes camarades de classe et les autres dans ton école montrent-ils qu'ils respectent l'environnement ?

Réflexion

❑ Dans cette histoire, l'Aîné dit que les gens, les animaux et l'environnement partagent tous le même esprit. D'après toi, que veut-il dire ?

Allons plus loin

❑ En petits groupes, trouvez quatre ou cinq questions qui pourraient être utilisées dans une enquête. Ces questions vous aideront à décrire les attitudes des gens de votre école face à la conservation et au respect de l'environnement. Partagez vos questions avec les autres groupes. Tous ensemble, élaborez un questionnaire de dix questions que vous ferez circuler dans l'école. Trouvez une façon de publier vos résultats.

Une mauvaise nouvelle

En bref Josée se demande pourquoi il arrive des mauvaises choses.

Josée essayait de ne pas pleurer quand son père l'emmenait à la clinique vétérinaire. Elle avait sa chienne, Tess, sur les genoux. Elle était enveloppée dans une vieille couverture. Son grand-père lui avait offert la chienne quand Josée avait quatre ans et elles avaient grandi ensemble. Josée était très attachée à Tess. La chienne était maintenant inconsciente et Josée espérait que la vétérinaire pourrait la soigner.

Elle ne savait pas comment, mais Tess s'était sauvée du jardin. Elle avait rencontré le chien d'un voisin. Les deux chiens avaient couru dans la rue et Tess s'était fait frapper par une voiture. Heureusement que son père était à la maison quand on avait sonné à la porte. Il a ouvert la porte et un homme qui était bouleversé, a essayé d'expliquer qu'il n'avait pas pu éviter la chienne. Il n'y avait

pas de temps à perdre. Ils ont pris Tess, l'ont enveloppée dans une couverture et l'ont emmenée à la clinique vétérinaire.

Heureusement la clinique était encore ouverte, même si c'était presque l'heure du souper. Josée connaissait Pauline, la jeune vétérinaire. Elles allaient à la même église et en plus, le mois dernier, Pauline avait fait les vaccins de Tess. Rien qu'en la regardant, Josée voyait que Pauline aimait beaucoup les animaux. Ce jour-là, Josée avait dit à Pauline qu'elle espérait devenir vétérinaire un jour.

Le père de Josée a déposé la chienne immobile sur la table. Après avoir posé des questions pour savoir ce qui s'était passé, Pauline a suggéré qu'ils s'assoient dans la salle d'attente pendant qu'elle examinait Tess. Josée ne parlait pas, son père non plus. Le temps leur a semblé très long. Finalement, Pauline est sortie.

La vétérinaire avait l'air grave. Elle est allée vers Josée et lui a mis la main sur l'épaule. Josée a retenu son souffle. « J'ai une mauvaise nouvelle, a dit Pauline à voix basse. Malheureusement, Tess est morte. Elle avait de graves blessures internes et je n'ai pas pu la sauver. »

Josée n'a pas entendu les derniers mots de Pauline. Elle s'est écroulée en pleurant dans les bras de son père. Son père ne savait pas quoi dire. Il était très attaché à la chienne lui aussi.

« Je sais que c'est difficile pour toi, a dit Pauline doucement. Je suis vraiment désolée. »

« J'aurais dû faire plus attention. J'aurais dû savoir où elle était. On ne l'a jamais laissée en liberté », a dit Josée en sanglotant.

« Tu ne dois pas penser que c'est de ta faute », a dit Pauline, en essayant de la réconforter. « On ne peut pas surveiller nos animaux tout le temps. Et parfois, malgré tous nos efforts, il y a des accidents. »

« J'aurais dû être avec elle », a dit Josée en pleurant.

« Je comprends ce que tu ressens, a répondu Pauline. Est-ce que tu te souviens de l'autre dimanche à l'église quand ils ont parlé de ma grand-mère qui vivait au Manitoba et qui est morte ? Je me sentais très mal à ce moment-là parce que je pensais que j'aurais dû être avec elle. Mais ma famille m'a dit qu'elle est morte en paix et que je n'aurais rien pu faire de plus. »

« Est-ce que ça va mieux maintenant ? » a demandé Josée en larmes.

« Oui, a dit Pauline. J'ai parlé de sa mort avec mes amis et avec la révérende Martin. Cela m'a aidée à me sentir mieux. J'ai beaucoup pleuré malgré tout mais ça va mieux. »

« Pourquoi est-ce que ces choses-là doivent arriver ? » a demandé Josée.

« Eh bien, a répondu Pauline. Voilà une question au sujet de la vie qui est des plus difficiles. Nous savons que toutes les créatures vivantes doivent mourir d'une façon ou d'une autre. Mais ça n'aide pas quand c'est une personne ou un animal proche qui meurt, n'est-ce-pas ? »

« Non », a soupiré Josée.

Dans la voiture au retour, le père de Josée lui a rappelé que Pauline s'était sentie mieux après avoir parlé à la révérende Martin.

« Les prochains jours seront difficiles. Mais, je suis certain que tes amis vont vouloir t'aider », a-t-il dit.

Josée faisait partie du groupe de jeunes. Quelques jours plus tard, elle a reçu une carte de Diane, l'animatrice du groupe, qui lui disait qu'elle était vraiment désolée d'apprendre la mort de Tess. Diane disait que même si la mort fait partie de la vie, il est normal d'être triste quand on perd une personne ou un animal que l'on aime. Elle a rappelé à Josée que les chrétiens croient au grand amour de Dieu.

Quand Josée a ouvert la carte, elle a lu les versets suivants des Psaumes. Les mots lui ont fait du bien et lui ont rappelé qu'elle n'était pas seule. ❖

Écriture sainte
Ancien Testament

Dieu est pour nous un abri sûr, un secours toujours prêt dans la détresse.

Psaume 46. 2

Il guérit ceux qui ont le cœur brisé, il panse leurs blessures.

Psaume 147. 3

Parfois, la mort est difficile à comprendre pour les gens.

Discussion

❑ Relis les écritures saintes de la page 34. D'après toi, pourquoi est-ce que Diane les trouve réconfortantes ? En quoi sa religion l'aide-t-elle à accepter la mort ?

Réflexion

❑ Pour beaucoup de gens, la mort est très difficile à accepter, que ce soit la mort d'un animal domestique ou la mort d'un de leurs proches. Cependant, la mort fait partie de la vie. Qu'est-ce qui peut nous aider à accepter la mort ?

La confiance

En bref Robert et Joseph en apprennent plus au sujet de la confiance.

Robert et son ami Joseph étaient tout excités à l'idée de grimper tout en haut d'une montagne. Ils n'allaient pas vraiment tout en haut d'une montagne ce soir-là, mais ils allaient apprendre à faire de l'escalade sur un mur de pierre. Ils commençaient une classe d'escalade. Le père de Robert venait de les amener au YMCA-YWCA pour leur première leçon.

« Je serai dans la salle de musculation », a dit M. Kerfont, lorsque les garçons se dirigeaient vers le gymnase où se trouvait le mur. « À plus tard. Amusez-vous bien ! »

Dans le gymnase, il y avait environ une demi-douzaine de garçons et de filles. Robert et Joseph avaient à peu près le même âge qu'eux et attendaient l'arrivée de l'instructeur. Entre temps, Robert a regardé le mur d'escalade. C'était un grand mur avec toutes sortes de choses fixées dedans pour y poser les pieds et les mains. Il ne se voyait pas grimper tout en haut.

Tout le monde s'est retourné lorsqu'un jeune homme, avec une queue de cheval blonde, est entré dans le gymnase. Robert a remarqué ses chaussures d'escalade de couleur vive.

« Bonjour tout le monde. Je m'appelle David », a-t-il dit avec un grand sourire. « Bienvenue au cours d'escalade. Faisons connaissance avant de commencer la première activité. »

Après les présentations, David a expliqué que l'escalade n'était pas un sport individuel, qu'il impliquait beaucoup de travail d'équipe et de confiance. Il a invité tout le monde à se trouver un partenaire.

Voici le YMCA-YWCA de Corner Brook. Le principe de base du YMCA-YWCA est d'aider les gens à développer leur esprit et leur corps. Également, le YMCA-YWCA aide à développer un sens de responsabilité envers les autres et envers le monde.

« Trouve quelqu'un qui mesure et pèse à peu près comme toi », a-t-il dit.

Robert était un peu plus grand que Joseph, alors ils ont trouvé chacun quelqu'un de leur taille.

« Bien, je veux qu'un partenaire se mette derrière l'autre à environ 60 cm d'écart. Je veux que celui de devant ferme les yeux et tombe dans les bras de son partenaire. Votre partenaire va vous attraper. Vous le savez parce que vous avez confiance en votre partenaire. »

Robert ne connaissait pas Jason, son partenaire, et il n'était pas très sûr en se préparant à tomber en arrière. Il l'a fait quand même et après un essai réussi, ils ont échangé les rôles ; c'était au tour de Jason de faire confiance à Robert. Au début, cela semblait dangereux mais à la fin tout le monde était content parce que personne n'était tombé.

David a passé le reste de la classe à montrer l'équipement utilisé pour l'escalade et à expliquer comment l'utiliser. Il leur a promis que pendant la prochaine séance, ils commenceraient à utiliser le mur.

Joseph et Robert se sentaient bien quand ils sont sortis du gymnase.

Le père de Robert les attendait près de la porte. Les garçons lui ont parlé de l'activité qu'ils venaient de faire.

« Qu'est-ce que vous avez ressenti ? » a demandé M. Kerfont.

« Je n'étais pas très sûr. J'ai dû faire confiance à mon partenaire. Il a bien fallu croire qu'il serait là pour me rattraper, même si je ne le voyais pas », a répondu Robert.

« On parlait de ce genre de confiance à l'église dimanche », a dit M. Kerfont.

Robert a mis quelques instants à comprendre.

« Souvenez-vous les garçons, la révérende Martin a dit que les chrétiens faisaient confiance à Dieu. Elle a dit qu'il est parfois difficile de faire confiance à Dieu car on ne le voit pas mais il est toujours là, surtout dans les périodes difficiles. C'est comme si Dieu est là pour nous rattraper quand on tombe. »

« C'est exactement comme nous lorsque nous avons fait l'exercice de confiance, a remarqué Joseph. Je me souviens d'un passage de la Bible hébraïque qui fait référence à "ceux qui croient en Dieu". Ce passage dit que nous ne devrions pas avoir peur si nous croyons en Dieu. »

« Hé ! Je connais ce passage, s'est exclamé Robert. C'est de l'Ancien Testament. »

« C'est ça, Robert, a dit M. Kerfont. On le trouve dans les écritures saintes des juifs et des chrétiens. »

En sortant du bâtiment, ils sont passés devant le babillard situé près de la porte.

« Eh, regardez ça les garçons, a dit M. Kerfont en pointant le doigt vers l'affiche. Est-ce que vous savez que la semaine prochaine, c'est la Semaine internationale de la paix du YMCA-YWCA ? »

« Oui, a dit Robert. Nous en avons parlé à notre groupe de jeunes. Diane, notre animatrice, a dit qu'il fallait des efforts pour faire la paix entre nous, dans nos écoles et dans nos communautés. Elle a ajouté que nous devons aussi établir la paix dans la famille mondiale. »

« Sur une statue qui se trouve devant le bâtiment des Nations Unies à New York, il y a un passage sur la paix qui est tiré du livre de Ésaïe dans la Bible hébraïque, a dit Joseph. Ce passage parle de la paix dans le monde et dit quelque chose au sujet des

Écriture sainte
Ancien Testament

*M*ais je bénis celui qui met sa confiance en moi et cherche en moi sa sécurité. Il aura le même sort qu'un arbre planté près de l'eau, dont les racines s'étendent à proximité du ruisseau. Il n'a rien à redouter quand vient la chaleur, et son feuillage reste vert. Même en année de sécheresse il ne se fait aucun souci, il ne cesse de porter des fruits.

Jérémie 17. 7-8

Écriture sainte
Ancien Testament

*I*l rendra son jugement entre les nations, il sera un arbitre pour tous les peuples. De leurs épées, ils forgeront des pioches, et de leurs lances, ils feront des faucilles. Il n'y aura plus d'agression d'une nation contre une autre, on ne s'exercera plus à la guerre.

Ésaïe 2. 4

armes qu'il faudrait transformer en objets qui aideraient les gens. »

« Je connais ce passage, a dit M. Kerfont. Les juifs et les chrétiens le connaissent bien.

« Voilà un bon exemple de ce que les gens peuvent faire pour construire la paix. Chacun de nous doit faire ce qu'il peut pour obtenir la paix et se sentir responsable des autres personnes de sa communauté et du monde. Il est important de faire confiance pour bâtir une communauté responsable qui vit dans la paix. Si les gens doivent s'aider les uns les autres, ils doivent se faire confiance. Si vos amis et vos voisins vous font confiance, ils se sentent plus à l'aise quand ils vous aident et travaillent avec vous. »

« Est-ce que c'est ça être un artisan de la paix ? a demandé Robert. J'ai entendu cela à l'église. »

« Eh bien, oui, a répondu son père. Dans les différentes religions, les gens travaillent ensemble pour que leurs communautés vivent dans la paix et que les gens s'occupent des autres. C'est ça que ça veut dire être un artisan de la paix. Pense à ta classe. Il y a beaucoup d'élèves qui s'occupent les uns des autres et qui font de la classe un endroit agréable et sécuritaire. En tant que chrétiens, nous croyons que nous devons prendre soin des cadeaux que Dieu nous offre. En tant qu'artisans de la paix, nous devons faire

attention à la création de Dieu, et je ne veux pas dire seulement l'environnement. Ça veut dire les gens aussi. Comme beaucoup d'autres, les chrétiens sont appelés à s'occuper des autres. »

En partant, les garçons ont rencontré quelqu'un qu'ils connaissaient bien. C'était leur enseignant, M. Aziz.

« Alors les garçons, comment ça va ? Je vous ai vu regarder l'affiche de la Semaine internationale de la paix. Nous allons en parler en classe cette semaine. À plus tard ! » ❖

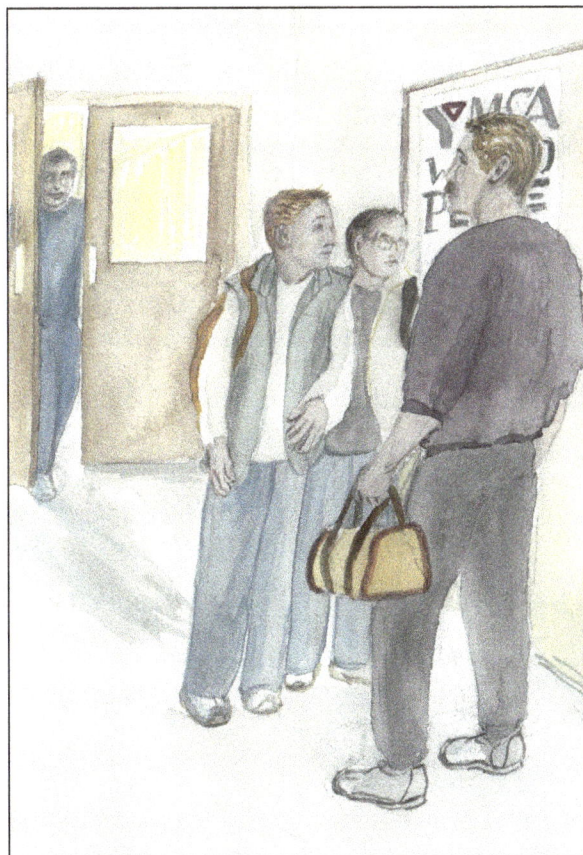

De quelle manière cette photo montre-t-elle la confiance ?

❑ Pour devenir un bon équipier, il faut apprendre à faire confiance aux autres membres de l'équipe et à travailler avec eux. Pour se préparer à l'escalade, Robert a dû se fier à quelqu'un qu'il ne connaissait pas et qu'il ne voyait pas. Il devait avoir confiance en cette personne. Qu'est-ce que ça veut dire ?

❑ Relis l'écriture sainte de Jérémie 17. 7-8 à la page 38. Que dit ce passage au sujet de la confiance ?

Réflexion

❑ Que fais-tu pour être une personne en qui les gens ont confiance ? Écris tes réflexions dans ton journal de bord. Tu pourras rajouter des choses au fur et à mesure que tu en apprendras plus au sujet de la confiance.

Activité créatrice

❑ M. Kerfont dit que les chrétiens croient qu'ils ont la responsabilité, en tant qu'artisans de la paix, de prendre soin de toute la création de Dieu. Fais un dessin ou une peinture pour illustrer ce qu'est un artisan de la paix pour toi.

La Semaine internationale de la paix

En bref M. Aziz aide ses élèves de sixième année à comprendre le rôle d'un artisan de la paix.

Comme M. Aziz l'avait dit, le lendemain pendant la classe d'enseignement religieux, ils ont parlé de la semaine de la paix. Il a expliqué que c'était le YMCA-YWCA qui avait désigné cette semaine comme « Semaine internationale de la paix ».

« La citation qui est sur le tableau vient d'une brochure du YMCA-YWCA. Lisez-la. »

Les élèves l'ont lue et M. Aziz a commencé la discussion par une question. « Qu'est-ce que la paix veut dire pour vous ? » Plusieurs élèves ont proposé des réponses.

« Je crois que la paix veut dire bien s'entendre avec tout le monde », a dit Josée.

« Oui, ce n'est pas comme dans certaines parties du monde où les gens se battent tous les jours », a ajouté Tim. « Il y aurait la paix dans le monde s'il n'y avait plus de guerres », a dit Gérard.

Nous sommes tous responsables de la paix, tout d'abord dans nos relations familiales, avec nos amis, puis dans nos communautés et finalement, dans les activités nationales.

Il n'y a pas de recettes simples. C'est à nous de réfléchir, d'agir, de prier pour trouver des façons de faire la paix.

« Bien, a dit M. Aziz. Mais je veux que vous pensiez à des endroits plus près de chez nous. Pensez à notre école et à ce que nous pouvons faire pour vivre plus en paix ici et dans nos communautés. »

« On pourrait essayer de parler des choses qui nous dérangent au lieu de se battre », a ajouté Robert.

« Merci, Robert. Maintenant, examinons en quoi tous les élèves sont touchés. Ici, à l'école, il y a eu plusieurs élèves qui ont été victimes d'intimidation. Si nous avons tous la responsabilité de faire la paix, nous devons penser à ceux qui sont intimidés, et aux intimidateurs aussi. Et nous devons trouver ce que nous pouvons faire pour régler le problème.

« Deuxièmement, comme le souligne Tim, il suffit de regarder les nouvelles à la télévision pour savoir que les gens commettent des actes de violence dans le monde entier. Comment pouvons-nous leur apporter la paix ? La citation dit qu'il n'y a pas de recettes simples, mais cela ne nous dégage pas de notre responsabilité. Nous devons essayer de trouver comment chacun de nous peut devenir artisan de la paix. »

Samantha a levé la main. « Ma tante est baha'ie. Elle m'a dit qu'en tant que baha'ie, elle croit que tout le monde devrait être éduqué sur les manières d'apporter la paix. Elle croit que nous pouvons tous faire des choix qui mettront fin aux conflits et aux guerres et apporteront la paix à tous les peuples du monde. »

Écriture sainte
Écritures baha'ies

Les prophètes sont apparus sur la Terre investis de la mission suivante : que les âmes de tous les êtes humains deviennent l'expression du Miséricordieux, qu'ils soient éduqués afin d'accéder à l'amour et à l'amitié et puissent établir la paix et l'accord.

Abdul-Baha [traduction libre]

Écriture sainte
Coran

Et s'ils inclinent à la paix, incline vers celle-ci (toi aussi) et place ta confiance en Allah, car c'est Lui l'Audient, l'Omniscient.

Sourate 8.61

« Merci, Samantha. Si nous essayons, nous pouvons faire la différence et apprendre à faire des choses et des choix qui vont promouvoir la paix. Nous deviendrons tous des artisans de la paix. »

Hameed a levé la main. « Oui, Hameed ? » a dit M. Aziz.

« La partie de la citation qui dit que nous sommes tous responsables de la paix me rappelle un passage du Coran. Ce passage nous dit que les gens devraient pardonner et essayer de faire la paix avec leurs ennemis », a dit Hameed.

« C'est vrai, a dit M. Aziz. Il y a plusieurs passages du Coran sur la paix. »

M. Aziz voulait terminer la classe avec une activité courte qui aiderait les élèves à partager leurs idées.

« Vous allez travailler en groupes pour penser à des façons précises de faire la paix. Tous les groupes partageront leurs idées à la fin de la classe », a ajouté M. Aziz.

« Ce n'est pas facile », a dit Robert au bout de quelques minutes.

M. Aziz a répondu : « Personne n'a dit qu'il était facile de faire la paix. L'autre soir, en regardant la télévision, j'ai entendu un des animateurs dire : "En tant qu'humains, nous pouvons être artisans de la paix, mais ce n'est pas automatique. Il faut vouloir atteindre ce but." »

À la fin de la classe, les groupes ont partagé leurs suggestions. M. Aziz a écrit certaines idées au tableau.

Sois ami avec tout le monde, même avec ceux qui sont différents.

Partage le bonheur avec tous ceux que tu rencontres.

Ne te bats pas avec les autres. Parle avec eux de ce qui ne va pas.

Avec tes camarades, organise un club de paix.

Avec la classe, crée une salle ou un jardin de paix.

M. Aziz a conclu en disant : « C'est la fin de la classe mais ce n'est pas la fin de notre discussion au sujet de la paix. Dans la prochaine classe, nous allons étudier la vie et les œuvres de quelques artisans de la paix célèbres. Je pense que vous trouverez que, quelles que soient leurs croyances, les gens du monde entier partagent un désir pour la paix. Même si nous parlons de personnes connues à travers le monde, n'oubliez pas que chacun de nous est aussi responsable de la paix. Si nous pouvons faire la paix les uns avec les autres, alors la paix s'étendra petit à petit dans le monde. »

M. Aziz a souligné la citation au tableau. « Écrivez cette citation dans votre journal de bord. Pensez-y très souvent, pas seulement cette semaine. Chaque semaine devrait être la semaine de la paix. »

Quand Robert est rentré ce soir-là, il a parlé à son père de la classe d'enseignement religieux sur la paix.

« M. Aziz a dit que nous allions étudier quelques artisans de la paix qui sont célèbres mais il a dit que chacun d'entre nous a la responsabilité de la paix. Est-ce que tout le monde peut être un artisan de la paix ? »

« Je crois que oui, a répondu son père. Être artisan de la paix ne veut pas seulement dire empêcher les gens de se battre. Jésus a utilisé le mot hébreu

shalom qui veut dire paix. On le trouve partout dans la Bible hébraïque. Il signifie aussi plénitude. En arabe, le mot *salam* veut aussi dire la paix et est utilisé pour saluer. La paix, *shalom* ou *salam* veut dire avoir de bonnes relations avec tout le monde, avec la création et avec Dieu. Un artisan de la paix apporte la paix et la plénitude dans la vie des gens.

« Dans les différents systèmes de croyances, on explique comment devenir artisan de la paix. Le Nouveau Testament nous dit, à nous les chrétiens, comment on peut y arriver.

« Tout le monde peut être artisan de la paix, même si on n'appartient à aucune religion. Des organismes comme l'UNICEF et CARE Canada œuvrent pour améliorer les conditions de vie des enfants et des adultes dans toutes les parties du monde qui sont touchées par la guerre ou les conflits sociaux.

« Il y a aussi des organismes qui aident les familles ici au Canada. Par exemple, Médiation Familiale Canada aide les familles à résoudre les conflits. »

Robert et son père ont continué à parler de la Semaine internationale de la paix. ❖

Écriture sainte
Nouveau Testament

« "...Car j'ai eu faim et vous m'avez donné à manger ; j'ai eu soif et vous m'avez donné à boire ; j'étais étranger et vous m'avez accueilli chez vous ; j'étais nu et vous m'avez habillé ; j'étais malade et vous avez pris soin de moi ; j'étais en prison et vous êtes venus me voir."
Ceux qui ont fait la volonté de Dieu lui répondront alors : "Seigneur, quand t'avons-nous vu affamé et t'avons-nous donné à manger, ou assoiffé et t'avons-nous donné à boire ? Quand t'avons-nous vu étranger et t'avons-nous accueilli chez nous, ou nu et t'avons-nous habillé ? Quand t'avons-nous vu malade ou en prison et sommes-nous allés te voir ?" Le roi leur répondra : "Je vous le déclare, c'est la vérité : toutes les fois que vous l'avez fait à l'un de ces plus petits de mes frères, c'est à moi que vous l'avez fait." »

Matthieu 25. 35-40

Martin Luther King   Aung San Sun Kyi   Nelson Mandela   Thich Nhat Hanh

Discussion

❑ Nous voulons tous la paix dans le monde, mais le mot « paix » veut dire différentes choses selon les gens. Qu'est-ce que ça veut dire pour toi ?

Réflexion

❑ La persécution religieuse c'est quand les membres d'une religion sont intimidés ou traités injustement ou avec hostilité à cause de leurs croyances. Comment est-ce que le fait d'en apprendre plus sur les autres religions peut aider la paix ?

Allons plus loin

❑ Beaucoup de gens célèbres sont des artisans de la paix : Martin Luther King, Aung San Sun Kyi, Nelson Mandela, Thich Nhat Hanh, Lester Pearson et Desmond Tutu par exemple. Avec un partenaire, fais des recherches sur la vie de l'une de ces personnes. Préparez une courte présentation pour la classe.

Activité créatrice

❑ Cherche des articles dans les journaux, dans les magazines ou dans Internet qui parlent de la manière dont les différentes religions travaillent à la paix. Fais un collage de photos et de mots que tu trouveras dans ces articles.

Le croissant de lune

En bref Les élèves de M. Aziz apprennent la signification du croissant de lune pour les musulmans.

« Nous allons sortir pendant une partie de la classe ce matin », a annoncé M. Aziz par un beau matin frais de novembre. « Mettez vos manteaux car il fait froid. »

Tout le monde était ravi de pouvoir sortir. Ils étaient aussi très curieux de voir ce que M. Aziz voulait leur montrer.

C'était une journée ensoleillée et il n'y avait pas un nuage dans le ciel. « Bon, allez, regardez tous dans le ciel, qu'est-ce que vous voyez ? » a demandé l'enseignant.

Quelques élèves ont répondu qu'ils voyaient le ciel, mais deux ou trois élèves ont répondu, d'un air surpris, qu'on pouvait voir la lune. Et effectivement, même en plein jour, on apercevait un fin croissant de lune, très bas à l'ouest.

« Il ne faut pas être surpris de voir la lune en plein jour. Elle est toujours là, mais comme nous le savons, elle n'est pas souvent comme ça. Aujourd'hui, je veux vous parler des phases de la lune. Retournons à l'intérieur, je vous ai préparé quelque chose. »

Le croissant de lune est un symbole important pour les musulmans parce qu'il guide leur vie religieuse. Le croissant de lune apparaît sur le drapeau national de plusieurs pays musulmans.

De retour dans la classe, M. Aziz a demandé à Michèle de fermer les rideaux pendant que les autres élèves prenaient leur cahier et leur crayon. Puis, ils se sont réunis autour d'une balle suspendue au plafond.

Michèle a éteint les lumières de la classe. M. Aziz a allumé le rétroprojecteur et a dirigé son faisceau de lumière directement sur la balle : « Imaginez que le rétroprojecteur représente le soleil, la balle représente la lune et vous, dans les différents endroits de la classe, vous représentez la Terre. Dessinez ce que vous voyez de votre place. Montrez bien la lumière et l'ombre sur la balle. Nous allons comparer tous les dessins, puis nous allons essayer d'expliquer les différences. »

Tout le monde a suivi les explications. À la fin, M. Aziz a expliqué que chaque élève avait dessiné sa propre lune. Les élèves qui étaient assis derrière la balle ne pouvaient pas voir de lumière sur la balle. C'était la nouvelle lune. Ceux qui étaient assis à côté du rétroprojecteur voyaient toute la balle et ça représentait la pleine lune. « En fait, a continué l'enseignant, ensemble vous avez dessiné les différentes phases de la lune. »

Quand la lumière de la classe a été rallumée, M. Aziz s'est déplacé dans la

salle et a regardé les dessins. « Vous avez bien travaillé », a-t-il dit.

« Ce matin, nous avons vu la lune dans une de ses dernières phases. Dans quelques jours la lune apparaîtra de nouveau et commencera à évoluer vers la pleine lune. La lune a une très grande importance pour certaines personnes. En fait, après la récréation, la lune sera le sujet de notre classe d'enseignement religieux. »

En quittant la salle, Josée s'est tournée vers son amie Michèle et a demandé : « Quelle est le rapport entre la lune et la religion ? »

« Je n'en sais rien, a-t-elle répondu, mais on va le savoir. »

Après la pause, M. Aziz a rétabli le calme et a dessiné un croissant de lune sur le tableau.

« Ce que j'ai dessiné sur le tableau représente un croissant de lune très très fin, beaucoup plus fin que celui que nous avons vu dehors aujourd'hui. La lune ressemble à ça le lendemain de la nouvelle lune. C'est la première apparition de la lune quand elle commence à devenir plus grande. C'est le premier croissant. Cette vue de la lune est extrêmement importante pour des millions de gens dans le monde. Par exemple, pour les musulmans, elle marque le début et la fin de chaque mois, y compris celui du Ramadan.

« Qu'est-ce que c'est le Ramadan ? » a demandé Robert.

« J'y viens », a répondu M. Aziz avec gentillesse. « Beaucoup d'entre vous se souviendront des cinq piliers de l'islam que vous avez étudiés en quatrième année. Vous les trouverez dans votre manuel et vous pourrez les réviser plus tard. Est-ce que quelqu'un peut nous expliquer ce qu'est le Ramadan ? » a demandé M. Aziz.

« Oui, moi, a dit Hameed. Ma famille suit le jeûne du Ramadan. C'est-à-dire que nous ne pouvons pas manger, ni

dernier croissant   dernier quartier   demi-lune   premier quartier   premier croissant

boire pendant la journée. Mais quand le soleil est couché, il n'y a plus de restriction. »

« Est-ce que c'est pour ça que tu ne manges pas le midi depuis quelques jours ? » a demandé Robert.

« Exactement », a dit Hameed en souriant.

« Alors pourquoi est-ce que les musulmans jeûnent pendant le Ramadan ? » a demandé Michèle.

« La réponse la plus rapide, c'est que nous le faisons parce qu'on nous dit dans le Coran qu'on doit le faire. Est-ce que je peux lire un passage du Coran ? a demandé Hameed à M. Aziz. J'ai une copie du Coran avec moi. »

« Ça pourrait être très utile », a répondu M. Aziz

Avant de lire à la classe, Hameed a dit : « Le Coran est écrit en arabe, mais je vais vous en lire une traduction en français. Ce passage vient de la sourate ou du chapitre intitulé "La vache". Il parle du jeûne du Ramadan. Hameed a lu :

Écriture sainte
Coran

Ces jours sont le mois de Ramadan au cours duquel le Coran a été descendu comme guide pour les gens, et preuves claires de la bonne direction et du discernement. Donc quiconque d'entre vous est présent en ce mois, qu'il jeûne ! Et quiconque est malade ou en voyage, alors qu'il jeûne un nombre égal d'autres jours. Allah veut pour vous la facilité, Il ne veut pas la difficulté pour vous, afin que vous en complétiez le nombre et que vous proclamiez la grandeur de Allah pour vous avoir guidés, et afin que vous soyez reconnaissants !

Sourate 2.185

« Au cas où vous vous posez la question, les petits enfants ne jeûnent pas mais les garçons et les filles de notre âge le font généralement », a continué Hameed.

« Hameed, pourrais-tu expliquer à la classe pourquoi tu le fais ? » a demandé M. Aziz.

« Nous pensons qu'il peut être bon pour la santé de jeûner ainsi, mais c'est aussi un moyen de purifier le corps et une façon de comprendre les autres. Nous croyons, par exemple, que si vous vivez sans confort, même pendant une courte période, vous comprendrez beaucoup mieux les gens qui sont dans le besoin. Et puis, vous grandirez sur le plan spirituel. »

« Merci d'avoir partagé tout ça avec nous, Hameed. On dirait que les musulmans ont plusieurs raisons de participer au jeûne du Ramadan, a dit M. Aziz. Comme on peut le voir d'après les commentaires d'Hameed, le jeûne a une place importante dans la religion musulmane. »

M. Aziz a regardé l'horloge. « Il est presque midi. Je vais finir la classe par deux prières du Ramadan. Ça pourrait vous aider à mieux comprendre la signification du Ramadan pour les musulmans. Nous reparlerons de croissance spirituelle tout au long de l'année. Mais, n'oubliez pas, quand vous verrez le croissant de lune, qu'il a une signification particulière pour beaucoup de gens partout dans le monde surtout pendant le Ramadan. » Puis, il a lu deux prières, une qui marque le début du jeûne chaque jour et l'autre qui marque la fin.

Prières du Ramadan

J'ai l'intention de jeûner
au nom de Allah
Ô Allah, aide-moi
Et accepte-moi.

Ô Allah, j'ai jeûné en ton nom,
Je crois en toi, je te fais confiance
Et avec la nourriture que tu m'offres
Je commence le jeûne.

M. Aziz a ajouté : « À l'école où j'ai enseigné à Toronto, il y avait une salle pour les élèves musulmans. Ils pouvaient y prier et suivre le Ramadan pendant que le reste de l'école déjeunait. »

En sortant, M. Aziz a entendu Josée qui parlait à Hameed. « Est-ce que c'est difficile pour toi de nous voir tous manger ? »

« Pas vraiment, a dit Hameed. Quelquefois, ça me rappelle que je ne mange pas, mais je suis content de jeûner. Ma mère m'a proposé de trouver une autre solution mais je préfère rester avec mes amis plutôt que de m'asseoir tout seul quelque part. »

Hameed et Josée sont sortis de la classe et se sont dirigés vers la cantine. ❖

Les cinq piliers de l'islam

La profession de foi

Les musulmans répètent : « Il n'y a qu'un seul Dieu, c'est Allah, et Mahomet est le prophète de Allah. »

La prière

Les musulmans prient cinq fois par jour. Ils commencent avant le lever du soleil et continuent même après le coucher du soleil. De cette façon-là, ils reconnaissent que Dieu est le Seigneur de toute vie et qu'il est au centre de toutes les activités de la journée.

Le don aux pauvres

Les musulmans s'engagent dans la communauté et se sentent responsables des pauvres et de ceux qui sont dans le besoin.

Le jeûne

Pendant le mois sacré du Ramadan, les musulmans adultes jeûnent. Ils ne boivent pas, ne mangent pas du lever au coucher du soleil. Ils pensent que le jeûne enseigne le contrôle de soi et purifie le corps et l'esprit.

Le pèlerinage

Tous les musulmans religieux essaient de faire un voyage à La Mecque au moins une fois dans leur vie.

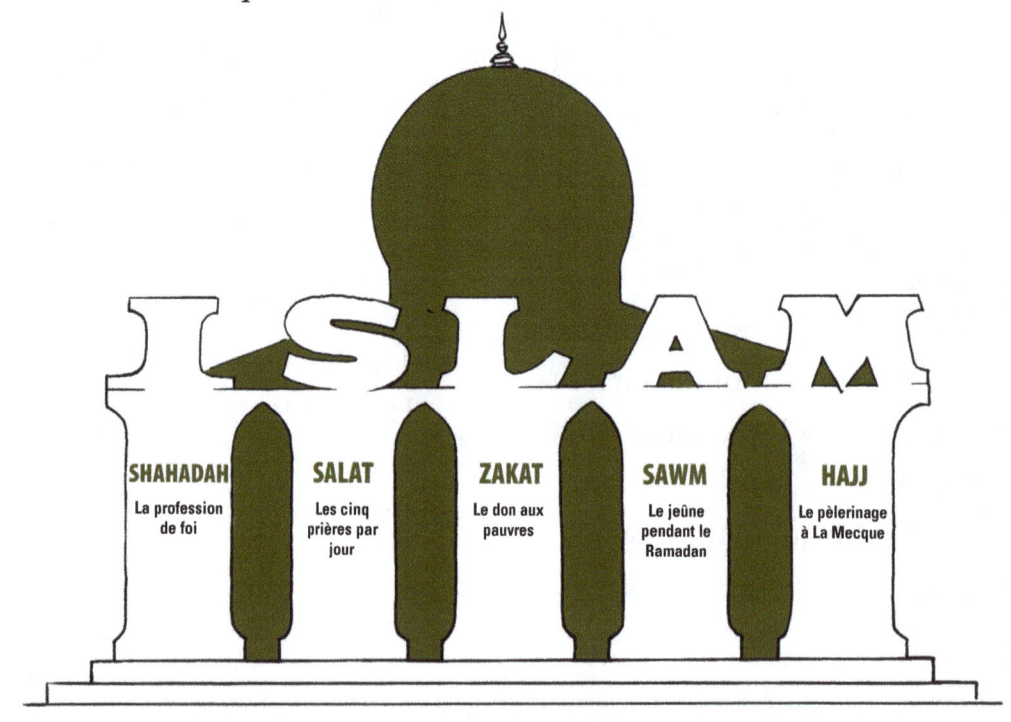

SHAHADAH	SALAT	ZAKAT	SAWM	HAJJ
La profession de foi	Les cinq prières par jour	Le don aux pauvres	Le jeûne pendant le Ramadan	Le pèlerinage à La Mecque

Les familles déjeunent ensemble avant le lever du soleil pendant le mois du Ramadan. Elles mangent et boivent de nouveau dans la soirée, après le coucher du soleil.

Discussion

❑ Révise les cinq piliers de l'islam. Un de leurs buts est d'améliorer la vie spirituelle des musulmans. Comment les piliers le font-ils à ton avis ? Cite des choses que les gens font pour améliorer leur vie spirituelle.

Activité créatrice

❑ Dans cette histoire, on décrit *sawm*, un des cinq piliers de l'islam. Sawm, c'est la période du jeûne pendant le Ramadan. Relis la définition des piliers de l'islam à la page 52 et pense à l'explication que donne Hameed des raisons pour lesquelles il jeûne. Fais un dessin qui illustre quelque chose que tu as appris au sujet du mois sacré du Ramadan pour les musulmans.

Retour en arrière

Une perspective, c'est une façon de regarder les choses. Nos perspectives peuvent changer selon les circonstances. Un jour nous voyons quelque chose d'une certaine manière et puis, un événement nous le fait voir d'une manière différente un autre jour. Lis chacune des déclarations ci-dessous, identifie le personnage qui aurait pu dire ça et explique comment il change de perspective.

- Pourquoi Papa aurait-il besoin de demander mon avis au sujet de son travail ?

- J'écoute les oiseaux et les animaux autour de moi et je suis heureux que Papa ne me permette pas d'avoir un fusil à plomb.

- J'ai parlé de la mort avec mes amis et le ministre du culte, alors je me suis senti mieux. J'ai encore pleuré mais ça allait mieux.

- Je n'irais jamais à l'école si je n'avais pas des vêtements à la mode.

- Je veux apprendre à faire de l'escalade ; je ne veux pas apprendre à faire confiance à quelqu'un que je ne connais pas.

- Qu'est-ce que j'ai à voir avec la paix dans le monde ? J'ai toujours cru que les armées et les gouvernements avaient la responsabilité de la paix dans le monde.

- Je ne vois pas le rapport entre la lune et la religion.

Une nouvelle façon de voir

Deuxième partie

Pourquoi est-ce que j'ai fait ça ?

En bref — Gérard et Tim prennent une décision qui a des conséquences sérieuses.

Ça ne devait pas se terminer comme ça. Gérard regardait autour de lui sans y croire. Il était assis, avec son ami Tim, dans le bureau du directeur du magasin. Leurs parents et la police seraient là bientôt. Gérard était troublé et très malheureux. Comment avait-il pu être aussi stupide ?

Tim était assis en face de lui, et il avait l'air très calme comme s'il n'était rien arrivé.

Gérard revoyait dans sa tête tout ce qui s'était passé depuis une heure et il avait l'impression de faire un mauvais rêve.

C'était un vendredi soir. Gérard et Tim s'étaient rendus au centre commercial. Ils n'avaient pas vraiment de plan précis et ils n'avaient pas d'argent à dépenser… juste deux pièces de vingt-cinq sous pour téléphoner à la maison pour qu'on vienne les chercher. Ils allaient traîner.

Ils sont entrés dans un grand magasin. C'était l'heure du souper et il n'y avait pas beaucoup de clients. Les garçons marchaient sans but d'un rayon à l'autre. Ils regardaient les disques compacts et les radiocassettes et puis ils se sont dirigés vers le rayon des sports. Gérard espérait que ses parents lui achèteraient de nouveaux gants de hockey. Il en a vu une paire qu'il aimait bien.

« Eh, regarde un peu, a dit Tim. Qu'en penses-tu ? » Il tenait un sac à dos.

« Génial ! a dit Gérard. Robert et quelques autres garçons de la classe ont des sacs comme ça. »

« Oui, le père de Robert lui achète tout ce qu'il veut, a lancé Tim d'un air méprisant. Je vais prendre celui-ci. »

« Quoi, maintenant ? Tu n'as pas d'argent ! » s'est exclamé Gérard.

« Et alors ? Regarde, beaucoup de garçons ont ce genre de sac, a répondu Tim. Je pourrais sortir et faire semblant qu'il est à moi. Je peux le mettre sur mon dos. Si quelqu'un demande, je dirai que j'arrive de l'école. » Tim enlevait les étiquettes du sac en parlant.

« Mais, c'est du vol ! » a chuchoté Gérard en regardant autour d'eux. On lui avait toujours dit que c'était mal de voler et le vol à l'étalage c'était du vol. En écoutant Tim, il pensait au commandement, « Tu ne commettras pas de vol », mais les arguments de Tim l'ont influencé.

Écriture sainte
Ancien Testament

*T*u ne commettras pas de vol.

Exode 20. 15

« Vraiment ? Tu crois que ça va faire une différence pour cette grosse compagnie ? De toute façon, il n'y a personne aux alentours », a dit Tim en mettant le sac sur ses épaules. « Ça ferait plus naturel s'il y avait quelque chose dedans. Prends les gants que tu regardais. »

« Je ne peux pas faire ça. On pourrait me voir. » Gérard parlait nerveusement. Il se demandait ce qu'il était en train de faire.

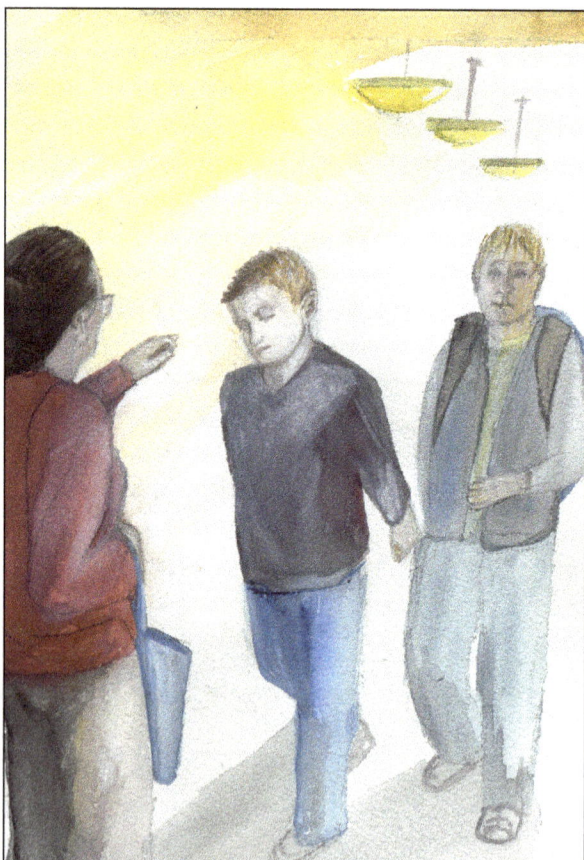

« Personne ne te verra. J'ai fait ça avant, a assuré Tim. Ne me dis pas que tu as peur. »

« Bien sûr que non, » a répliqué Gérard.

Gérard a regardé autour de lui. Personne. Il a pris les gants, a fait semblant de les examiner et les a glissés dans le sac ouvert sur l'épaule de Tim.

« Allons-y ! a dit Tim. Il faut avoir l'air naturel. Fais semblant de regarder des choses. » Les garçons sont sortis par les caisses et se sont dirigés vers la sortie principale du centre commercial.

« Qu'est-ce que je t'ai dit ? C'est facile ! » a dit Tim en souriant.

Gérard ne pouvait pas regarder Tim. Il aurait voulu être n'importe où ailleurs sauf dans ce centre commercial.

Tout à coup, une femme est apparue devant eux. Gérard se souvenait qu'il l'avait déjà vue dans le magasin.

« Excusez-moi, les garçons, a-t-elle dit. Est-ce que c'est votre sac à dos ? »

Avant que Tim raconte son histoire au sujet du sac, la femme a continué : « Vous allez revenir avec moi dans le magasin. Je crois que vous avez quelque chose qui ne vous appartient pas. Je crois que vous avez volé des articles dans ce magasin. »

Les garçons ont regardé autour d'eux. Des gens avaient entendu la conversation et les fixaient en hochant la tête.

Gérard avait un nœud à l'estomac. Il s'est senti mal. Que diraient ses parents ?

Il ne se souvenait pas d'avoir traversé le magasin pour aller dans le bureau du gérant. Sa tête tournait et son cœur battait très fort. Il a donné le numéro de téléphone de ses parents. Le gérant a téléphoné aux parents des deux garçons et ils étaient en route. Il a eu encore plus mal au ventre quand il s'est rendu compte que le gérant téléphonait à la police et demandait d'envoyer quelqu'un au magasin.

« Nous avons pris deux jeunes voleurs », a-t-il dit. ❖

Souvent les magasins ont des systèmes de sécurité. Des caméras de surveillance et des employés, qui font semblant d'être des clients, permettent aux magasins d'attraper les voleurs.

Discussion

❏ Avec tes camarades, partage tes opinions au sujet du vol. Comment est-ce qu'une opinion forte peut nous empêcher de faire quelque chose de mal ?

Activité créatrice

❏ En groupes de trois ou quatre, faites des affiches qui aideront d'autres élèves à faire face à la pression des pairs. Par exemple, une affiche qui défend ce qu'on doit faire.

❏ Pense à une croyance qui est importante pour toi et qui guide tes actions. Écris et illustre une histoire dans laquelle cette croyance guide un personnage dans ses décisions.

Réflexion

❏ L'écriture sainte de la page 57 est un des dix commandements. Les juifs, les chrétiens et les musulmans croient que Dieu a donné les dix commandements à Moïse et que ces commandements expriment les règles de Dieu. D'après toi, que pense Gérard du vol ? Comment le commandement aurait-il pu l'aider ?

❏ Un passage du Coran enseigne aux gens à se comporter avec patience, fermeté et discipline, et à respecter la vérité dans leurs actes et dans leurs paroles (Sourate 3.18). Est-ce que Gérard a montré ces qualités ? Comment décrirais-tu son comportement ? Pense à un moment où tu as démontré l'une de ces qualités.

Changement d'attitude

En bref   Gérard prend la responsablilité de ses actes.

Gérard avait beaucoup de temps pour réfléchir ces jours-ci. Il n'était pas sorti avec ses amis depuis le vol du magasin au centre commercial, et il était souvent seul. Il revivait souvent dans sa tête les événements des dernières semaines. C'était une expérience horrible. Il entendait encore les mots du gérant du magasin qui parlait à la police.

« Il y a trop de vols, a-t-il dit. Ces jeunes gens doivent apprendre une leçon et servir d'exemple aux autres. »

Mais le pire, c'était l'expression sur le visage de ses parents quand ils sont arrivés dans le magasin.

« As-tu volé quelque chose dans le magasin, mon fils ? » a demandé son père.

Gérard a fait oui de la tête. C'est tout ce qu'il pouvait répondre.

« Tu n'as jamais rien fait comme ça auparavant », a dit sa mère. Gérard voyait bien qu'elle avait de la difficulté à retenir ses larmes. Lui aussi, il avait envie de pleurer.

Gérard a admis rapidement qu'il avait pris les gants sans les payer, alors les policiers ont continué le processus. Puisqu'il avait douze ans, il a été inculpé de vol. L'affaire a été envoyée devant le Comité de justice pour la jeunesse. Lui et ses parents savaient que c'était mieux que de passer au tribunal mais Gérard était très nerveux tout de même. Ce comité, formé de professionnels, décide quel genre de service communautaire les jeunes doivent faire comme punition pour des crimes tels que le vol.

Gérard avait une semaine pour écrire une lettre d'excuse au gérant du magasin et il devait la porter lui-même au magasin. Il devait aussi aller travailler dans un magasin d'articles de seconde main géré au profit d'œuvres charitables.

Écriture sainte
Ancien Testament

Respecte ton père et ta mère.

Exode 20. 12

Deux jours par semaine, il devait y aller après l'école et trier des vêtements usagés. Les policiers lui ont dit que s'il faisait ces deux choses-là et ne faisait plus de bêtises, l'inculpation pour vol serait effacée dans un an de son casier judiciaire.

Gérard voulait que l'inculpation disparaisse de son casier judiciaire, mais il ne savait pas comment réparer sa relation avec ses parents. Il était vraiment désolé quand il pensait à la déception qu'ils devaient ressentir. Il se souvenait que la Bible disait qu'il faut honorer ses parents et il avait l'impression de les avoir déçus.

Gérard avait un peu peur quand sa mère l'a déposé la première fois au magasin de seconde main. Une des femmes lui a montré ce qu'il devait faire et l'a laissé tout seul. Il devait trier toutes sortes de vêtements usagés et les mettre sur des cintres ou dans des grandes boîtes dans le magasin.

En rentrant à la maison un soir, il pensait à son anniversaire. Gérard se demandait si ses parents lui donneraient quelque chose cette année-là. Il savait qu'il les avait beaucoup déçus et d'autre part, ses parents n'avaient pas les moyens de lui acheter les choses qu'il voulait. Sa mère venait de perdre son travail à temps partiel.

Gérard était confus. Il pensait parfois que la vie était injuste et il se disait à d'autres moments qu'il ne méritait pas de cadeaux cette année-là. Une chose qu'il savait, c'est qu'il avait pris une mauvaise décision en se laissant influencer à prendre quelque chose qui ne lui appartenait pas.

Semaine après semaine, Gérard a appris à connaître les gens qui travaillaient dans le magasin avec lui. Une dame, Mme Durand, était souvent là quand Gérard venait travailler. C'était une femme chaleureuse qui souriait presque toujours. Elle aidait Gérard un jour, quand par erreur, il a sorti des vêtements qui n'étaient pas prêts.

« Ne t'inquiète pas, a-t-elle dit. Je t'aiderai à les ramasser. Moi aussi, j'ai fait ça une fois il y a longtemps quand j'ai commencé à faire du bénévolat. »

« Du bénévolat ? » a dit Gérard. Il n'en croyait pas ses oreilles.

« Oui, a dit Mme Durand. Tu ne savais pas ? Nous sommes tous bénévoles. »

« Vous faites ça parce que vous en avez envie ? » a demandé Gérard.

« Je fais ça parce que je crois que Dieu veut que je le fasse et parce que je me sens bien quand j'offre de l'aide à ceux qui en ont besoin », a répondu Mme Durand.

Gérard a commencé à observer des gens qui venaient acheter des choses dans le magasin. Petit à petit, il s'est rendu compte que ces gens-là avaient vraiment besoin de ce magasin. Il commençait à faire très froid maintenant. Sans le magasin, ils n'auraient pas de vêtements chauds pour l'hiver.

Un soir, un homme est entré avec deux petits enfants. Il avait l'air perplexe, il ne savait pas quoi faire.

Gérard s'est immédiatement dirigé vers lui.

« Est-ce que je peux vous aider ? a-t-il dit. Vous cherchez quelque chose ? »

« Les enfants ont besoin de vêtements d'hiver, a répondu l'homme. Et de bottes, aussi. »

Gérard a regardé les enfants. Il savait où trouver des choses qui seraient de leur taille. « Venez avec moi, a-t-il dit. Je crois que nous avons tout ce qu'il vous faut. »

Une heure plus tard, l'homme et ses enfants ont quitté le magasin en emportant beaucoup de vêtements. Tout le monde avait l'air heureux. Les enfants ont insisté pour mettre leurs nouveaux vêtements avant de rentrer à la maison.

« Merci », a dit la petite fille à Gérard.

Tout le monde souriait. Mme Durand, qui était de l'autre côté du magasin, a fait un clin d'œil à Gérard.

Ce soir-là, en rentrant à pied à la maison, Gérard se sentait mieux.

« Je vois des gens qui ont moins que moi », s'est-il dit.

Tout à coup, il s'est rendu compte de sa chance. Mais il ressentait aussi quelque chose qu'il n'arrivait pas à exprimer. Je suppose que je suis tout simplement heureux d'aider un peu les gens qui en ont besoin, a-t-il pensé.

Il est entré dans la cuisine bien chaude, et sa mère lui a demandé : « Comment ça va ? »

« Oh, pas mal, a-t-il répondu. Maman, je voulais te dire que je suis vraiment désolé pour ce que j'ai fait. Je ne me rendais pas compte à quel point je vous ai déçus, papa et toi. Je n'ai pas beaucoup réfléchi quand j'ai pris les gants. Je le regrette. »

« Je sais Gérard, a commencé sa mère, mais je voulais te dire… Moi, je suis fière de toi, et ton père aussi. Tu as admis que tu avais fait une bêtise et tu en as accepté les conséquences. Tu as dû donner du temps pour quelque chose que tu ne voulais pas vraiment faire. Ça n'a pas été facile et je crois que tu t'en sors très bien. »

Gérard pouvait à peine croire ce qu'il entendait. « Merci, Maman », a-t-il lancé en montant l'escalier pour aller à sa chambre.

Gérard s'est allongé sur son lit. Ça faisait longtemps qu'il ne s'était pas senti aussi bien. Les choses s'arrangent, a-t-il pensé. Mes parents m'ont pardonné et je fais quelque chose qui aide les gens de ma communauté. ❖

Certains magasins d'articles de seconde main sont affiliés avec des groupes religieux. Y a-t-il de tels magasins dans ta communauté ? Comment aident-ils la communauté ?

Allons plus loin

❑ Mme Durand fait du bénévolat. Elle croit que c'est ce que veut Dieu et que c'est valorisant d'aider les autres. Avec tes camarades, prépare une entrevue au sujet du bénévolat. Fais des entrevues avec des membres d'un autre groupe pour savoir si tes camarades ont déjà fait du bénévolat ou s'ils aimeraient en faire pour une cause ou un organisme. Découvre ce qui les motive à faire du bénévolat ou pourquoi ils pensent que d'autres en font. Partage ce que tu as découvert avec la classe.

Réflexion

❑ T'est-il arrivé de faire quelque chose que tu as regretté plus tard ? Comment aurais-tu pu l'éviter ? Comment est-ce que cette expérience t'a fait changer ta façon d'agir ?

Des cadeaux qui ne s'achètent pas

En bref Le groupe de jeunes discute des façons spéciales d'exprimer la générosité à Noël.

C'était jeudi soir. Comme d'habitude, le groupe de jeunes se réunissait pour discuter. Cette semaine, la réunion avait lieu chez Diane.

« Ta maison est vraiment belle ! a dit Josée. Vous avez commencé les décorations de Noël. »

« La crèche est superbe », a dit Robert en admirant les figurines en bois sculpté.

« Tu aimes ça ? Je l'ai achetée quand j'étais à Bethléem. Elle est en bois d'olivier. »

Elle s'est levée en disant : « Eh bien, tout le monde, commençons. »

Quand tout le monde était installé, Diane a commencé : « J'ai un message pour vous ce soir en lien avec donner et recevoir. Je voudrais que vous regardiez Noël d'une façon un peu différente cette année.

« Est-ce que quelqu'un a envisagé de ne rien acheter pour Noël cette année ? » a-t-elle demandé.

« Tu veux dire ne pas donner des cadeaux de Noël ? » a demandé Michèle.

« Non, ce n'est pas ça que je veux dire, a répondu Diane. Offrir des cadeaux, c'est une des traditions importantes de Noël. C'est important et ça a commencé quand Dieu a donné le précieux cadeau, Jésus, le premier Noël. »

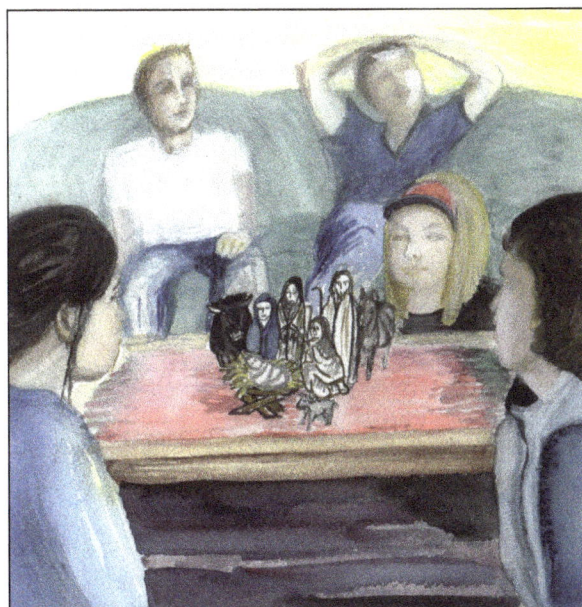

« Est-ce que vous avez déjà envisagé ne pas acheter vos cadeaux dans un magasin ? »

Tous les jeunes qui écoutaient Diane ont trouvé que c'était une idée étrange. Comment pouvait-on offrir des cadeaux qui n'étaient pas achetés dans un magasin ?

Diane a continué : « Je suppose que lorsque vous pensez à Noël, vous pensez à toutes les choses que vous aimeriez recevoir et peut-être, aux choses que vous allez offrir. Imaginez combien cela va coûter !

« Vous savez que vous avez tous des talents. Noël est une belle occasion pour montrer vos talents. »

« Mais que peut-on faire ? » a demandé Josée.

« Je ne sais pas vraiment, a répondu Diane. Mais j'ai une idée et j'aimerais qu'on l'essaie.

« Je suggère que pour au moins une personne sur votre liste de Noël, vous n'achetiez pas de cadeau mais que vous lui offriez quelque chose de vous-mêmes à Noël. Utilisez vos talents pour faire plaisir à quelqu'un. »

Diane a poursuivi : « Voici ce que je veux vous proposer. Pensez à une chose que vous pouvez faire très bien. Ça peut être n'importe quoi. Ça peut être quelque chose que vous fabriquez ou un talent personnel ou quelque chose que vous faites pour aider quelqu'un. L'important c'est qu'il rende quelqu'un heureux et qu'il partage la joie de Noël.

« Écrivez vos suggestions sur une carte, mettez-la dans une enveloppe et, dessus, inscrivez le nom de la personne qui recevra ce cadeau. Voilà, vous avez un cadeau qui ne s'achète pas. Mais, n'oubliez pas, il faut vraiment faire ce que vous avez écrit sur la carte. »

« Mais, si on n'a pas de talent ? » a demandé Josée.

« Vous souvenez-vous de la lecture des Corinthiens dont nous avons parlé la semaine dernière ? Dieu nous a tous donné des talents. Et, si nous les partageons, nous pouvons apporter de la joie dans la vie de ceux qui nous entourent. Vous avez déjà entendu parler de quelqu'un qui était doué ? a continué Diane. Eh bien, je crois que nous sommes tous doués d'une façon ou d'une autre. »

« Oui, a dit Robert. Vous n'avez pas besoin d'être chanteur d'opéra. Vous pouvez pelleter la neige pour une personne âgée. »

« Ou rendre visite à une personne seule », a ajouté Michèle.

« C'est ça, a dit Diane en riant. C'est l'intention qui compte. Il faut avoir envie de rendre quelqu'un heureux et de lui apporter la joie de Noël.

« Faisons le contraire maintenant. Y a-t-il quelque chose que vous aimeriez recevoir qui ne s'achète pas dans un magasin ? Ajoutez-le sur votre liste et demandez-le à la personne qui peut le faire pour vous.

« Pour la lecture de ce soir, j'ai choisi le récit de l'évangile de Matthieu au sujet de la visite des rois mages à l'enfant Jésus. Pendant que je vous le lis, essayez de

Prendre le temps de rendre visite à quelqu'un est un cadeau qui ne s'achète pas.

Écriture sainte
Nouveau Testament

...Mais chacun a le don particulier que Dieu lui a accordé, l'un ce don-ci, l'autre ce don-là.

I Corinthiens 7. 7

penser aux cadeaux que vous allez offrir comme l'ont fait les rois mages. Considérez-le comme une réponse à l'amour de Jésus pour nous tous. » ❖

Écriture sainte
Nouveau Testament

Jésus naquit à Bethléem, en Judée, à l'époque où Hérode était roi. Après sa naissance, des savants, spécialistes des étoiles, vinrent d'Orient. Ils arrivèrent à Jérusalem et demandèrent : « Où est l'enfant qui vient de naître, le roi des Juifs ? Nous avons vu son étoile apparaître en Orient et nous sommes venus l'adorer. » Quand le roi Hérode apprit cette nouvelle, il fut troublé, ainsi que toute la population de Jérusalem. Il convoqua tous les chefs des prêtres et les maîtres de la loi, et leur demanda où le Messie devait naître. Ils lui répondirent : « À Bethléem, en Judée. Car voici ce que le prophète a écrit : " Et toi, Bethléem, au pays de Juda, tu n'es certainement pas la moins importante des localités de Juda ; car c'est de toi que viendra un chef qui conduira mon peuple, Israël." »
Alors Hérode convoqua secrètement les savants et s'informa auprès d'eux du moment précis où l'étoile était apparue. Puis il les envoya à Bethléem, en leur disant : « Allez chercher des renseignements précis sur l'enfant ; et quand vous l'aurez trouvé, faites-le-moi savoir, afin que j'aille, moi aussi, l'adorer. » Après avoir reçu ces instructions du roi, ils partirent. Ils virent alors l'étoile qu'ils avaient déjà remarquée en Orient : elle allait devant eux, et quand elle arriva au-dessus de l'endroit où se trouvait l'enfant, elle s'arrêta. Ils furent remplis d'une très grande joie en la voyant là. Ils entrèrent dans la maison et virent l'enfant avec sa mère, Marie. Ils se mirent à genoux pour adorer l'enfant ; puis ils ouvrirent leurs bagages et lui offrirent des cadeaux : de l'or, de l'encens et de la myrrhe. Ensuite, Dieu les avertit dans un rêve de ne pas retourner auprès d'Hérode ; ils prirent alors un autre chemin pour rentrer dans leur pays.

Matthieu 2. 1-12

Les mages, 1998, He Qi

➡ **Comment l'artiste représente-t-il le don et l'amour dans ce tableau ?**

Discussion

❑ Relis l'écriture sainte de la page 68. Réfléchis à ce que veut dire « être riches en actions bonnes ». Parle de quelques-unes des bonnes actions que tu vois en cette période de l'année dans ta communauté.

Allons plus loin

❑ Cherche ce que sont l'encens et la myrrhe. Pourquoi l'or, l'encens et la myrrhe étaient-ils des cadeaux si précieux à l'époque de Jésus ?

Activité créatrice

❑ Identifie des habiletés et des talents que tu possèdes. De quelles manières peux-tu en faire cadeau à quelqu'un ? Réfléchis aussi à une bonne action que tu peux faire pour quelqu'un. Écris ces idées sur des cartes que tu fabriqueras toi-même. Attaches-y un ruban de Noël. Voilà, tu as un cadeau qui ne s'achète pas !

L'aurore boréale

En bref — Robert et son père voient une des merveilles de la création et parlent de la spiritualité inuite.

Robert aimait son premier hiver à Corner Brook. C'était incroyable ! On avait l'impression qu'il y avait toujours de la neige dans l'air, même quand il faisait soleil.

« J'imagine qu'il est difficile de vivre à Corner Brook si on n'aime pas la neige », a fait remarquer Robert à son père. C'était un samedi de janvier. Ils étaient dans la camionnette. Ils avaient les skis avec eux et ils se dirigeaient vers un chemin boisé recouvert de neige dans les environs de Corner Brook. Ils avaient préparé le pique-nique et avaient l'intention de faire du ski toute la journée. Ils feraient un feu près de l'étang et reviendraient en début de soirée. Ils allaient rencontrer Jake Pamak, l'ami inuit de M. Kerfont. Il travaillait avec le père de Robert sur un projet au Labrador. M. Pamak vivait à Nain et était en visite à Corner Brook.

Il faisait très beau. L'air était froid et sec et le soleil apportait un peu de chaleur. Malgré le froid, Robert, M. Kerfont et M. Pamak avaient chaud car ils faisaient du ski de fond. Avant de faire demi-tour et de retourner vers la camionnette, ils ont repéré des perdrix avec leur plumage blanc, un gros orignal qui s'avançait dans la neige épaisse et des traces de renard. Mais la lumière diminuait et Robert commençait à s'inquiéter.

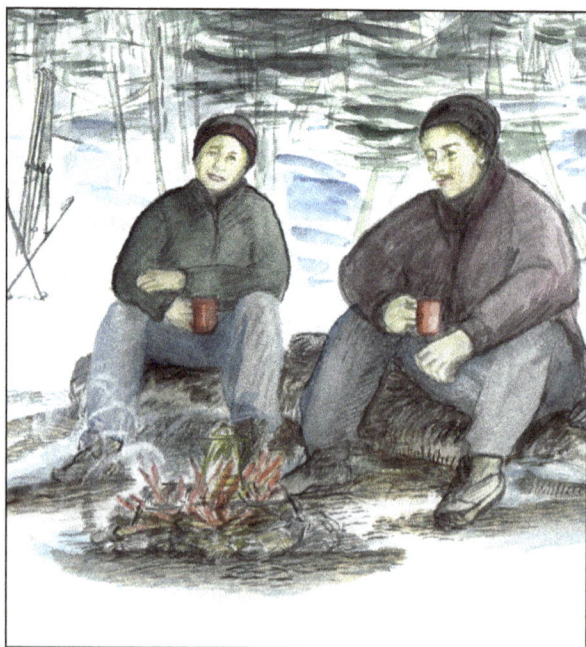

« Il commence à faire noir, a-t-il dit. Qu'est-ce que nous allons faire ? Allons-nous pouvoir retrouver notre chemin dans le noir ? Nous n'avons pas amené de torches ni de lampes de chapeaux. »

« Tout ira bien, a répondu M. Kerfont d'une voix rassurante. Tu verras. »

Alors qu'ils skiaient dans le chemin boisé le long de l'étang de Corner Brook, Robert a commencé à comprendre leur attitude. « Eh, le soleil est couché mais je vois toujours le sentier ! » s'est-il exclamé. Il regardait les étoiles. Elles avaient l'air plus brillantes que d'habitude. « Les étoiles produisent de la lumière. »

« Oui, la lumière des étoiles se reflète sur la neige. Regarde au-dessus de toi. On voit une aurore boréale », a ajouté son père.

Robert a regardé en l'air et il a vu des couleurs dans le ciel. Il était tout à fait étonné. On aurait dit qu'un rideau pendait du ciel, un rideau qui bougeait et qui changeait de couleurs, et qui allait du rouge au vert en passant par le bleu.

« C'est incroyable ! » a dit Robert.

« Oh oui ! Les couleurs sont impressionnantes, a répondu son père. C'est une des merveilles de la nature. Nous avons la chance d'habiter ici et de pouvoir les voir ! »

En silence, ils ont regardé les lumières danser pendant quelques minutes, puis M. Kerfont a parlé.

« Te souviens-tu du voyage que nous avons fait à Nain quand nous cherchions des ours polaires ? a-t-il demandé à son ami Jake. Nous faisions du camping et je parlais de la beauté de l'aurore boréale. Tu m'as raconté une légende inuite qui explique sa présence dans le ciel du Nord. Pourrais-tu la raconter à Robert ? »

« Bien sûr, a dit M. Pamak. Le mot inuit pour aurore boréale est *atsanik*. Nos ancêtres nous ont dit que atsanik sont les esprits des morts qui jouent au football en se servant du crâne d'un morse comme ballon. Si on écoute attentivement, on entend un sifflement ou un craquement quand on se rapproche de la lumière. Les Inuits croient que les sons sont des esprits qui courent sur la neige dure dans le ciel. Certaines personnes sifflent pour attirer les lumières, mais ça peut être dangereux car les esprits peuvent kidnapper les gens qui vivent sur terre », a dit M. Pamak.

« Est-ce que ça veut dire qu'ils communiquent avec les vivants ? » a demandé Robert.

« Oui, a répondu M. Pamak. Dans la vision traditionnelle inuite de l'univers, les vivants et les esprits existent ensemble. Quand quelqu'un mourrait, on pensait qu'il passait dans le monde des esprits mais qu'il continuait à exister. Les vivants restaient en contact avec leurs ancêtres : en entendant leurs voix dans atsanik ; en déposant des cadeaux sur leurs tombes ; en nommant leurs enfants d'après les membres de leur famille et leurs amis proches ; et en observant des tabous qui devaient empêcher les esprits de se fâcher à cause des actions des humains.

« Atsanik. » Robert s'entraînait à dire le mot. « Merci M. Pamak. »

Robert a regardé les lumières danser au-dessus de lui alors qu'ils revenaient vers la camionnette. Ils sont bientôt arrivés. M. Kerfont a démarré le moteur pendant que Robert et M. Pamak ont rangé les skis et le matériel. Quand ils étaient prêts à partir, Robert, M. Kerfont et M. Pamak se sont dit au revoir.

❖ ❖ ❖

atsanik
(at <u>sa</u> nik)

« Je suis content de t'avoir rencontré. Peut-être que tu viendras bientôt au Labrador », a dit M. Pamak à Robert.

« Ce serait bien ! » a répondu Robert.

En s'installant sur son siège dans la camionnette bien chaude, Robert s'est rendu compte qu'il était très fatigué. Il s'est endormi très vite. ❖

L'expression « aurore boréale » vient du latin *aurora borealis*. *Aurora* veut dire lumière et *borealis* veut dire nord.

Discussion

❑ Dans cette histoire on dit que l'aurore boréale représente les esprits des morts qui jouent au football. Avec tes camarades, discute la manière dont les croyances traditionnelles inuites concernant l'aurore boréale reflètent leurs croyances au sujet de la mort.

❑ M. Kerfont dit que l'aurore boréale est impressionnante. Que veut-il dire par « impressionnante » ?

Activité créatrice

❑ Pour les Inuits, l'univers est composé du monde des esprits et du monde des vivants. Fais un dessin, une peinture ou un collage de l'univers qui reflète la coexistence du monde physique et du monde spirituel.

Les croyances inuites

En bref	Robert en apprend plus sur les croyances spirituelles des Inuits du Labrador.

Robert a été surpris d'apprendre qu'il irait au Labrador seulement quelques semaines après l'excursion de ski avec M. Pamak. Son père l'emmènerait avec lui à Hopedale. Il y avait des gens qui voulaient rencontrer son père pour parler des changements dans la migration des caribous. Robert manquerait quelques journées d'école, alors M. Aziz lui a donné un devoir à faire pendant son voyage au Labrador.

Robert et son père sont partis à Deer Lake de très bonne heure le matin pour prendre un vol nolisé. En volant au-dessus du Labrador, Robert a observé une vaste étendue au-dessous de lui. Il a aperçu un troupeau de caribous. À Hopedale, le petit avion a atterri sur une piste dont une partie était prolongée dans la baie. M. Lafleur, un collègue de M. Kerfont, les a rencontrés à leur arrivée et les a emmenés chez lui.

Robert voyait bien la baie à travers la fenêtre du salon. Les enfants de M. Lafleur, Benjamin, Sarah, Émilie, Édouard

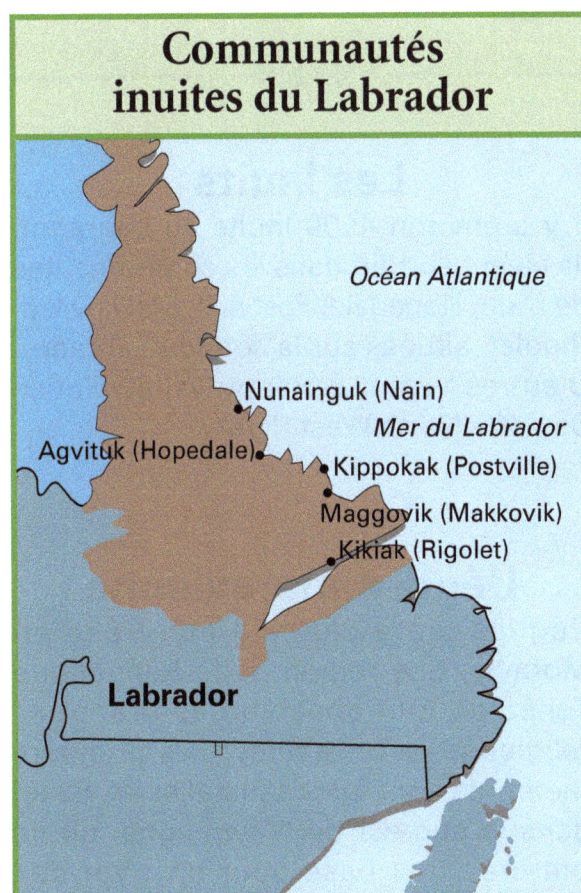

Communautés inuites du Labrador

Océan Atlantique

Nunainguk (Nain)

Mer du Labrador

Agvituk (Hopedale)

Kippokak (Postville)

Maggovik (Makkovik)

Kikiak (Rigolet)

Labrador

La partie brune représente la région du Labrador où vivent les Inuits.

et Samuel jouaient dehors. Robert est allé les rejoindre et ils sont vite devenus amis.

Dans la soirée, Robert et son père ont dîné avec la famille Lafleur. « Tu dois manquer quelques jours d'école pendant ton séjour ici, n'est-ce pas ? » a demandé Mme Lafleur.

« Oui, mais ce n'est pas très grave, a répondu Robert en souriant. Mon enseignant m'a donné du travail à faire.

❖ ❖ ❖

Les Inuits

Il y a environ 4500 Inuits au Labrador. Ils vivent surtout dans les communautés de Nain, Hopedale, Postville, Makkovik et Rigolet, situées sur la côte du Labrador. D'autres vivent à Happy Valley-Goose Bay et à North West River.

L'église moravienne

L'église moravienne a été créée en Moravie, une région de la République Tchèque. Elle observe des pratiques religieuses protestantes. Ses premiers membres sont allés s'installer en Saxe, dans le sud-est de l'Allemagne, où ils ont créé une base pour envoyer des missionnaires enseigner la Bible dans des pays étrangers.

Nous étudions les différentes religions en classe et il veut que je parle à la classe des croyances inuites de Hopedale. Est-ce que vous voulez bien me parler de vos croyances spirituelles ? »

« Oui, bien sûr, a répondu Mme Lafleur. Beaucoup d'**Inuits** ici vont à **l'église moravienne**. As-tu déjà entendu parler des Moraviens ? »

Robert a fait non de la tête.

« C'étaient des chrétiens qui sont arrivés d'Europe et qui se sont installés à la fin des années 1700 au Labrador. Ils ont construit des communautés en commençant par Nain en 1771, pour enseigner la Bible aux Inuits. Les missionnaires moraviens ont établi en 1782 une station à Hopedale. »

« Et est-ce que les croyances traditionnelles des gens ont disparu ? »

« Pas vraiment, a dit Mme Lafleur. Les Moraviens voulaient que les Inuits abandonnent leurs croyances traditionnelles et qu'ils deviennent chrétiens, mais il n'était pas facile de prendre cette décision. En 1804, un mouvement de protestation, appelé "Le grand réveil", a poussé les gens à mettre en question leur façon de vivre et les avantages offerts par les Moraviens.

« Dans les stations établies par la mission, on s'occupait des personnes âgées, des veuves et des orphelins. Les missionnaires ont aussi enseigné la lecture et l'écriture aux Inuits. Ils leur ont enseigné à faire de la musique. Les Inuits aimaient chanter des hymnes et se rassembler pour des services religieux. Il y avait beaucoup de ressemblances entre les croyances inuites et le christianisme moravien, alors petit à petit, les gens ont rejoint l'église moravienne. »

Mme Lafleur a ajouté : « Les Inuits ont changé leurs pratiques spirituelles quand ils sont devenus chrétiens, mais nous faisons des choses qui nous rappellent nos anciennes croyances. »

« Benjamin, a-t-elle dit à un de ses fils. Veux-tu parler de **Nalujuit** à Robert ? »

« Bien sûr, a-t-il répondu. Deux ou trois personnes font semblant d'être des esprits en portant des masques et des costumes spéciaux. Le 6 janvier, qui est en fait le jour de Noël dans l'ancien calendrier, quand il fait noir, ils font le tour de la communauté. Les nalujuit rendent visite à toutes les maisons et demandent s'il y a des petits enfants qui ont été gentils pendant l'année. Pour montrer qu'ils sont obéissants, les enfants chantent une des chansons qu'ils ont apprises à l'école ou à l'église. Les nalujuit les récompensent avec des bonbons.

« Les petits ont peur des nalujuit et ils restent à la maison avec leurs parents le soir de Nalujuit. Des groupes d'enfants

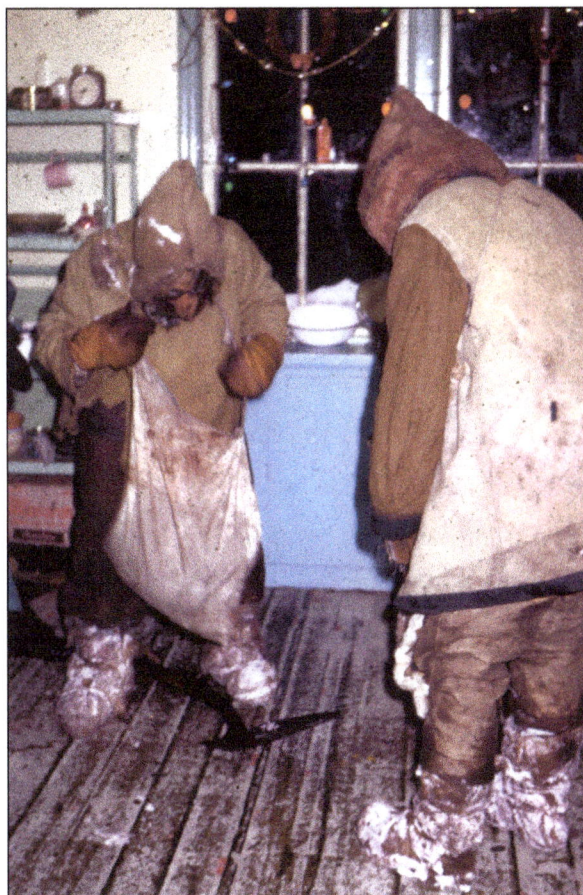

Des nalujuit

Nalujuit
(na <u>lou</u> youit)

Nalujuit est le mot inuktitut (la langue des Inuits) pour le rituel qui a lieu dans la soirée du 6 janvier. C'est aussi la forme plurielle de Nalujuk.

Nalujuk
(na <u>lou</u> youk)

plus âgés et de jeunes adultes cherchent les esprits masqués quand ils errent dans la communauté. Ils les chassent ou les esprits les chassent. Tout le monde s'amuse beaucoup. Nous essayons d'enlever leurs masques pour découvrir qui sont les nalujuit, et ils se défendent pour ne pas dévoiler leur identité. Quand ces esprits des temps anciens découvrent que tous les gens sont chrétiens et ne suivent plus les croyances traditionnelles, ils partent et c'est la fin de nos vacances de Noël. »

Ils ont bu du thé et ont mangé du pain maison autour du poêle à charbon, et Robert pensait à ce qu'il venait d'entendre. Il avait une question à poser.

❖ ❖ ❖

Torngasoak
(Torn <u>ga</u> sou ak)

Suppuguksoak
(su po <u>gouk</u> sou ak)

AngajukKak
(an ga <u>kak</u>)

« Est-ce que les Inuits du Labrador croient en un créateur, M. Lafleur ? »

« Il y avait deux dieux principaux ou êtres suprêmes dans la religion inuite traditionnelle. Le dieu principal s'appelait *Torngasoak*, ce qui veut dire "Grand Esprit", et il régnait sur le monde surnaturel. Il vivait dans une caverne située dans une très haute montagne tout au nord du Labrador. On appelle cet endroit le Torngat, ou les montagnes de l'Esprit. Torngasoak contrôlait tous les animaux sur la Terre, surtout les caribous, et prenait la forme d'un énorme ours polaire quand il voulait être visible aux Inuits.

« Le deuxième dieu était sa femme, *Suppuguksoak*, qui vivait dans la mer et y commandait tous les animaux. Ces dieux relâchaient les animaux dont les Inuits avaient besoin pour se nourrir et s'habiller, mais les gens devaient donner des cadeaux aux esprits et traiter les animaux avec respect. Si les chasseurs ne trouvaient pas de gibiers, ils demandaient alors de l'aide à un chef spirituel, appelé *AngajukKak*, qui pouvait communiquer avec les esprits. AngajukKak, qui pouvait être un homme ou une femme, avait le pouvoir de trouver les animaux, d'influencer le temps et de guérir les malades et les blessés. »

« On dirait des shamans, a dit Robert. On a parlé d'eux en classe. »

« Oui, ce sont des shamans. Aujourd'hui, nous avons des aînés de la communauté qui enseignent les valeurs traditionnelles telles que le respect pour la terre et la mer, pour les animaux et pour le temps. Ils nous aident à nous souvenir de notre culture et de notre spiritualité traditionnelle », a dit M. Lafleur.

« L'ami de mon père, M. Pamak, m'a raconté une légende sur l'aurore boréale qui explique quelques-unes des croyances inuites concernant la mort. » Robert a résumé ce que M. Pamak lui avait raconté.

« La légende montre bien l'influence actuelle des croyances traditionnelles sur beaucoup d'Inuits du Labrador, a répondu M. Lafleur. Demain, nous t'emmènerons voir certains sites historiques à Hopedale pour que tu découvres d'autres éléments des coutumes et de la culture des Inuits. »

À la fin de la visite, Robert avait recueilli beaucoup d'informations pour son devoir. Il a pris des notes et a réfléchi à ce que la famille Lafleur lui avait dit au sujet de ses convictions religieuses. ❖

L'église moravienne, à Hopedale, Labrador

À Makkovik, les Inuits décorent leur église avec des couronnes et une étoile pour les dimanches de l'Avent. L'Avent est la période des quatre semaines qui précède Noël. Les gens préparent la période des fêtes pendant l'Avent. À Makkovik, le 6 janvier, les Inuits célèbrent aussi Nalujuit.

Discussion

❑ Pense à l'histoire « Une promenade dans les bois ». Parle des différences et des ressemblances entre les croyances inuites et mik'maq.

Allons plus loin

❑ Fais des recherches sur l'histoire de l'église moravienne. En groupe, vous préparerez une présentation qui montre comment les missionnaires moraviens ont changé la vie des Inuits. Partagez vos recherches avec la classe.

Activité créatrice

❑ Crée une saynète basée sur la description qu'ont faite les Lafleur d'un aspect de l'histoire inuite ou des croyances inuites. Vous pourrez choisir l'interaction entre les missionnaires moraviens et les Inuits, la pratique de la nuit de Nalajuit ou les dieux Torngasoak et Suppuguksoak. Vous pouvez incorporer des effets sonores dans votre saynète ou votre histoire.

Le talent de Josée

En bref   La foi de Josée l'aide à prendre une décision.

C'était l'heure de la récréation un mardi de janvier et Josée marchait le couloir toute seule. Elle n'avait pas beaucoup d'amis dans cette école et elle avait parfois l'impression qu'elle n'était pas à sa place. Depuis quelque temps, elle pensait qu'elle ne serait plus dans cette école pour très longtemps car l'année prochaine elle irait à l'école secondaire.

Elle se demandait si elle aurait plus d'amis dans sa nouvelle école.

Elle s'est arrêtée pour prendre un exemplaire du journal de l'école et a continué à marcher dans le couloir en lisant. Elle a remarqué un article dans lequel on demandait des bénévoles. Elle a appris que le club d'art dramatique monterait une pièce de théâtre. Le club

ferait une levée de fonds pour le jardin de paix que l'école voulait constuire au printemps. Le club recherchait des élèves qui voulaient jouer dans la pièce.

« Le jardin de paix, s'est dit Josée. J'aimerais participer à ce projet-là. »

Josée n'avait encore jamais joué dans une pièce. Elle avait toujours été un peu timide, et même si cela surprenait les gens qui la connaissaient, elle doutait parfois d'être bonne à quelque chose. Mais elle se souvenait de la dernière présentation du club. Assise dans le public, elle aurait voulu être sur scène. Elle se demandait comment ce serait. Elle pourrait peut-être le faire maintenant. La cloche a interrompu ses pensées et elle s'est dirigée vers la salle de classe.

En passant devant la porte de l'autre classe de sixième année, son amie Michèle est sortie en courant. « N'oublie pas la réunion dans la salle de musique : jeudi à trois heures et demie », a-t-elle dit à un élève dans le fond de la classe.

Josée s'est rendu compte que Michèle devait parler de la pièce car la réunion était annoncée dans le journal. L'article disait que Mme Perrot, qui enseignait la musique, était responsable de la pièce et que Michèle l'aidait. Josée aimait bien Mme Perrot. Elle la connaissait depuis longtemps. Sa fille enseignait des cours à l'école de danse où allait Josée. Mme Perrot venait à tous les spectacles de danses.

Comme d'habitude, Josée et Michèle se sont assises ensemble dans l'autobus. Josée voulait parler de la pièce à Michèle mais elle était nerveuse. Elle était intimidée par Michèle qui en savait plus qu'elle au sujet de la pièce et du club d'art dramatique. Josée avait peur de demander, alors elle a décidé d'attendre que Michèle en parle. Elles ont parlé jusqu'à l'arrêt de Josée et Michèle n'avait toujours pas parlé de la pièce.

« Elle pense peut-être que je n'ai aucun talent », a pensé Josée en rentrant à pied à la maison.

Cette idée l'a fait douter d'elle encore plus qu'avant. Puis elle s'est souvenue de la soirée en décembre, où elle participait à la rencontre du groupe de jeunes avec des amis. Leur responsable, Diane, leur avait demandé de réfléchir à leurs talents.

« Chacun d'entre vous a des talents, a dit Diane. Je veux vous encourager à partager ces cadeaux ou talents avec les autres. Il y a un passage dans la Bible qui dit : "On n'allume pas une lampe pour la mettre sous un seau." Alors ne les gardez pas pour vous. Laissez les autres les apprécier. »

Josée avait donc fait un collage de photos et de dessins de sa chienne Tess qui avait été tuée à l'automne. Elle l'avait offert à la famille pour Noël. Maintenant, en poussant la porte d'entrée, elle s'est rendu compte encore une fois que la maison semblait vide sans Tess. Elle avait toujours été là pour accueillir tous ceux qui venaient.

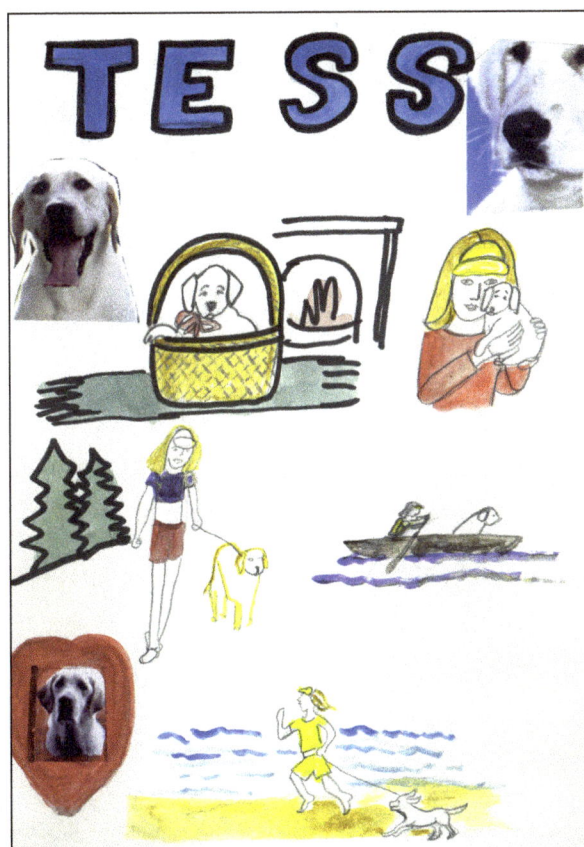

« J'imagine que c'était le don de Tess », s'est dit Josée.

Josée n'a pas parlé de la pièce à sa famille mais elle continuait à y penser même lorsqu'elle était au lit. Allongée, elle entendait son père qui jouait de la guitare. Elle a alors repensé aux rassemblements où il amusait tout le monde, jouant et chantant des chansons terre-neuviennes. Il jouait quelquefois à l'église pendant les cérémonies mais le plus souvent dans des rassemblements dans la salle paroissiale. Les gens aimaient l'entendre.

« Ça ne dérange pas papa de partager son talent, s'est dit Josée. Il laisse briller sa lumière. »

En pensant à son père qui jouait à l'église, Josée s'est tout à coup rappelée qu'elle avait participé à un spectacle à l'église. Elle avait participé à un spectacle de **danses liturgiques**. Son père jouait de la guitare et elle et trois amies dansaient devant l'assemblée. Elle se souvenait du plaisir qu'elle avait ressenti en dansant au rythme de la musique.

❖ ❖ ❖

Danses liturgiques

Dans certaines églises chrétiennes, on fait des danses liturgiques. Ces danses permettent aux pratiquants d'exprimer leur foi à travers des mouvements corporels.

Écriture sainte
Nouveau Testament

« ...On n'allume pas une lampe pour la mettre sous un seau. Au contraire, on la place sur son support, d'où elle éclaire tous ceux qui sont dans la maison. C'est ainsi que votre lumière doit briller devant les hommes, afin qu'ils voient le bien que vous faites et qu'ils louent votre Père qui est dans les cieux. »

Matthieu 5. 15-16

C'était la même chose que de danser devant l'assemblée ou de présenter une pièce devant un public, a pensé Josée. Elle a décidé que si elle pouvait danser, elle pouvait aussi avoir le courage de participer au club d'art dramatique. Après avoir pris sa décision, elle s'est recouchée et s'est endormie rapidement.

Elle s'est réveillée le lendemain matin déterminée à essayer de participer à la pièce du club d'art dramatique.

C'était cette détermination qui l'a entraînée dans la salle de musique le jeudi suivant. Ce n'était sûrement pas la confiance en soi. Elle se sentait mal à l'aise et timide. Des centaines de questions lui traversaient l'esprit. Et si elle n'avait pas de rôle ? Et si elle avait un rôle et oubliait une réplique ? Et si personne ne l'aimait ? Et si elle ne pouvait pas jouer ? Les doutes l'ont envahie et elle était prête à sortir de la salle quand elle a entendu quelqu'un l'appeler.

« Bonjour Josée, entre ! » C'était Michèle. « As-tu l'intention de donner ton nom pour la pièce ? » a-t-elle demandé.

Josée savait qu'elle ne pouvait plus partir maintenant. « Oui, a-t-elle répondu hésitante. J'ai lu l'article dans le journal de l'école et j'ai pensé que je pourrais venir voir ce qui se passe. Je ne sais pas si vous avez besoin de moi. »

« Nous avons déjà des noms, a dit Michèle. Mais entre et nous allons attendre les autres. » Josée voyait Mme Perrot debout près du piano qui feuilletait les partitions.

À ce moment-là, cinq ou six élèves sont entrés dans la salle. Ils riaient et

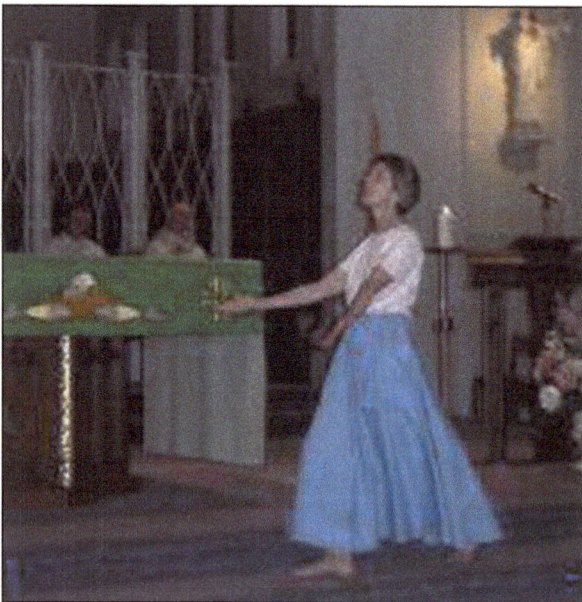

Les danseurs liturgiques utilisent des chorégraphies comme forme de prière.

parlaient. La plupart d'entre eux étaient dans l'autre classe de sixième année. Ils avaient participé à la pièce de Noël du club d'art dramatique. Michèle est allée les rejoindre immédiatement, laissant Josée seule debout au milieu de la pièce.

« Eh, venez tout le monde. Rapprochez-vous ! a dit Mme Perrot. Nous n'allons pas répéter aujourd'hui mais nous allons nous organiser. »

Josée s'est rendu compte que les autres avaient des photocopies du texte dans les mains. Elle se rendait compte qu'ils étaient au courant. Elle a entendu deux d'entre eux parler des rôles qu'ils auraient et de ce qu'ils porteraient. Josée avait encore plus l'impression de ne rien avoir à faire là. Tout le monde avait l'air très occupé et semblait savoir ce qui se passait. Elle avait l'impression que sa présence n'était pas désirée. Doucement, elle s'est dirigée vers la porte.

« Josée, j'espère que tu ne pars pas. » C'était la voix de Mme Perrot. « Je suis si heureuse de te voir ici. Nous avons besoin de quelqu'un qui a ton talent pour cette pièce. Un des personnages est une danseuse. Et nous avons besoin d'aide avec la chorégraphie. Je sais que tu peux le faire. »

Josée a respiré profondément et a dit : « Merci, Mme Perrot. J'ai dansé dans notre église et j'ai beaucoup aimé ça. Je suis certaine que je peux vous aider. » ❖

Ces filles répètent un ballet et apprennent la chorégraphie d'un prochain spectacle.

Discussion

❑ La motivation est une des forces qui nous poussent à faire certaines choses et à rester fidèles à nos décisions. Discute du sens de ce mot. Josée est motivée par un certain nombre de facteurs pour surmonter sa timidité et se joindre au club d'art dramatique. D'après toi, quels sont ces facteurs ?

Réflexion

❑ Relis l'écriture sainte de la page 86. Avec tes camarades, discute le sens de « On n'allume pas une lampe pour la mettre sous un seau. » En quoi est-ce différent de se donner des airs ?

L'Arche

En bref Michèle découvre comment on peut exprimer sa foi en s'occupant des gens dans le besoin.

« Maman, viens m'aider ! » a crié Michèle de sa chambre où elle faisait ses devoirs.

« Qu'y a-t-il ? » a demandé sa mère. Elle s'est assise sur le lit à côté du bureau où Michèle avait tout étalé.

« Nous devons parler d'un leader religieux qui démontre sa foi en s'occupant des autres. Tous les gens connus, comme Mère Teresa, le dalaï lama et Martin Luther King par exemple,
ont déjà été choisis. Je ne trouve personne. Je pensais que je pouvais trouver quelqu'un qui utilise les enseignements de Jésus pour aider les autres à comprendre l'amour de Dieu. »

« Alors… » Sa mère a réfléchi pendant un moment. « Je crois que Claire pourrait t'aider. »

Claire, la sœur aînée de Michèle, était allée en Nouvelle-Écosse après avoir obtenu son diplôme de l'école secondaire.

Elle vivait et travaillait avec des gens qui avaient besoin d'aide dans leur vie quotidienne.

« Tu ne veux pas téléphoner à Claire et lui demander de t'envoyer de l'information au sujet de **l'Arche** ? » a suggéré Mme Pennac.

« Oui mais mon projet est supposé parler d'une personne », a expliqué Michèle.

Sa mère a souri. « Je crois que la personne qui a eu l'initiative du projet des communautés de l'Arche fera l'affaire. »

Michèle a téléphoné à Claire et lui a expliqué son projet.

« Eh bien, a dit Claire. Tu sais que je travaille avec des gens qui ont besoin d'aide pour s'occuper d'eux-mêmes. En plus, ils ont besoin de soutien et de conseils pour faire la cuisine, les courses et le ménage. »

« Mais, y a-t-il une personne qui suit l'exemple de Jésus et qui ressent l'amour de Dieu ? a demandé Michèle. On doit faire une présentation sur quelqu'un comme ça. »

« Oh oui, il existe une personne comme ça ! a répondu Claire. En fait, tous ceux et celles qui travaillent à l'Arche essaient de suivre l'exemple de Jésus. La communauté de l'Arche où je suis est une des communautés créées par un homme qui s'appelle Jean Vanier. Il croit qu'en aidant ceux qui sont dans le besoin et en étant ouvert à leur amour et à leur amitié, on peut comprendre le sens de l'amour de Dieu. »

Les deux sœurs ont parlé longtemps. Après avoir terminé, Michèle a retrouvé sa mère dans le salon.

« Alors, tu as trouvé quelque chose ? » a demandé Mme Pennac.

« Formidable ! a répondu Michèle, Claire m'a donné beaucoup de renseignements au sujet de l'Arche et elle m'a parlé de Jean Vanier, l'homme qui a eu cette idée. Elle m'a expliqué comment trouver des renseignements à la bibliothèque et dans Internet. Elle va aussi m'envoyer des photos. »

« Parfait ! a dit sa mère. On dirait que tu as trouvé ce qu'il te faut. »

❖ ❖ ❖

L' Arche
(larsh)

« Tu sais Maman, a continué Michèle, Claire a changé. Elle était très timide et maintenant elle a l'air d'être plus ouverte. »

« Oui, je l'ai remarqué aussi, a ajouté sa mère. Je crois que l'expérience qu'elle vit en ce moment l'a vraiment transformée. Je pense qu'elle découvre la compassion et l'amour des gens avec qui elle vit. Certains d'entre eux ont eu une vie très difficile et ils n'arrivent pas toujours à faire des choses du quotidien qui nous semblent si simples, comme s'habiller seul ou se faire à manger. Mais ils sont heureux car ils vivent dans un environnement chaleureux. De cette façon, c'est quelque chose qu'elle apprend d'eux et il est évident qu'elle se sent bien grâce à ce qu'elle fait. Tu devrais en parler dans ta présentation. »

Michèle a fait des recherches pendant deux ou trois jours et elle a rassemblé des informations. Elle a préparé une affiche sur laquelle elle a écrit le nom de la communauté « L'Arche ». Elle a découvert que le mot « arche » vient de l'arche que Noé a construit pour protéger sa famille pendant l'inondation. À la fin de ce grand déluge, Dieu a créé un arc-en-ciel pour signaler à Noé et sa famille qu'ils étaient maintenant en sécurité. Michèle a utilisé des crayons feutres de couleurs vives pour faire un arc-en-ciel sur son affiche à côté du titre.

Sous le titre, Michèle a ajouté quelques informations sur l'Arche. Jean

Vanier a créé la première communauté en France en 1964. Jean, dont le père a été Gouverneur général du Canada, a invité deux hommes qui avaient besoin d'aide à venir habiter avec lui. Depuis, l'Arche s'est agrandi et il y a maintenant des maisons dans plusieurs pays pour des gens avec des besoins spéciaux.

L'Arche crée des communautés chrétiennes inspirées par la vie de Jésus et par ses enseignements.

En particulier, Jean Vanier a été inspiré par les **Béatitudes** que Jésus a prêchées dans le Sermon sur la montagne.

Quelques jours après sa conversation avec Claire, Michèle a reçu un paquet avec des photos du centre où travaille Claire. Michèle a remarqué que toutes les personnes sur les photos avaient l'air heureux et détendu. En étudiant les photos, elle s'est souvenue des paroles de Claire : « Ces gens-là sont heureux car ils se sentent acceptés et aimés. »

« Les photos de Claire sont arrivées à temps, a dit Michèle à sa mère. Je dois présenter mon projet à la classe demain. »

❖ ❖ ❖

Les Béatitudes
Les Béatitudes sont des bénédictions que Jésus a dites dans le Sermon sur la montagne cité par Matthieu (5. 3-11).

Écriture sainte
Nouveau Testament

Heureux ceux qui se savent pauvres en eux-mêmes, car le Royaume des cieux est à eux ! Heureux ceux qui pleurent, car Dieu les consolera ! Heureux ceux qui sont doux, car ils recevront la terre que Dieu a promise ! Heureux ceux qui ont faim et soif de vivre comme Dieu le demande, car Dieu exaucera leur désir ! Heureux ceux qui ont de la compassion pour autrui, car Dieu aura de la compassion pour eux ! Heureux ceux qui ont le cœur pur, car ils verront Dieu ! Heureux ceux qui créent la paix autour d'eux, car Dieu les appellera ses fils !

Matthieu 5. 3-9

Jean Vanier, fondateur de l' Arche

Michèle a collé les photos sur l'affiche avec les informations. Elle s'est reculée pour admirer son travail. Elle avait confiance que M. Aziz serait satisfait. Elle était persuadée que tout le monde voudrait en savoir plus sur Jean Vanier.

Michèle a commencé sa présentation en expliquant à la classe comment les communautés de l'Arche ont commencé et ce qui s'y passe. Elle a montré une carte indiquant où sont situées les communautés de l'Arche au Canada.

« Maintenant que vous en savez un peu plus sur les communautés de l'Arche, a dit Michèle à la classe, je veux vous parler de l'homme qui les a créées : Jean Vanier.

« Jean Vanier pense qu'en aidant ceux qui ont moins de chance que nous, nous pouvons ressentir l'amour de Dieu. Il pense que les gens qui vivent dans les communautés de l'Arche découvrent l'amour de Dieu car ils partagent et se font confiance. Jean Vanier aime citer une phrase du Nouveau Testament qui illustre ce qu'il voulait que ces communautés de l'Arche fassent. »

Michèle a lu la citation à la classe.

Écriture sainte
Nouveau Testament

Mes chers amis, aimons-nous les uns les autres, car l'amour vient de Dieu. Quiconque aime est enfant de Dieu et connaît Dieu.

1 Jean 4. 7

L'ARCHE

Jean Vanier a ouvert la première communauté en France en 1964. Jean Vanier est un Canadien dont le père a été Gouverneur général du Canada. Jean a invité deux hommes qui avaient des besoins spéciaux à venir vivre chez lui. Depuis, l'Arche s'est agrandie et il y a des maisons dans des communautés de beaucoup de pays pour des gens avec des besoins spéciaux. L'Arche crée des communautés chrétiennes inspirées par la vie de Jésus et ses enseignements dans le Sermon sur la montagne.

« Je veux aussi vous montrer ceci, a continué Michèle, en indiquant une autre partie du poster. C'est la mission de la communauté de l'Arche au Cap-Breton, en Nouvelle-Écosse, où travaille ma sœur. »

Michèle a lu le texte suivant à la classe :

L'Arche du Cap-Breton : Notre mission

L'Arche du Cap-Breton est une communauté chrétienne **œcuménique**. Au cœur de notre communauté, il y a des personnes ayant une déficience intellectuelle et d'autres qui choisissent de passer leur vie avec elles. Nous nous inspirons de la vision de communauté du Mahatma Gandhi. Elle est basée sur une vie simple où on vit du travail de ses mains, on se nourrit du mystère de la présence de Dieu dans toutes les religions, races et convictions religieuses. Les plus pauvres, les plus faibles et ceux qui souffrent sont au cœur de notre unité, ceux à qui Dieu montre sa préférence et à qui Dieu s'identifie.

ŒCUMÉNIQUE

Le mot « œcuménique » décrit une cérémonie ou un mouvement dans lequel participe l'ensemble ou la plupart des églises chrétiennes.

Michèle a continué : « J'ai inclus l'histoire que Jean Vanier raconte sur Mère Teresa. La voici :

« "Un jour, quelqu'un est allé vers Mère Teresa et lui a dit : 'Ce que vous faites n'est qu'une goutte d'eau dans l'océan.' Elle a répondu : 'Est-ce que vous savez que l'océan n'est rempli que de gouttes d'eau ?' Alors, nous à l'Arche, nous ne sommes qu'une goutte d'eau, une petite lumière dans un monde où il y a beaucoup de noirceur. Dans notre petitesse, nous voulons montrer que l'amour est plus fort que la haine, que la confiance est plus forte que le conflit et que la vérité est plus forte que les mensonges ou les illusions."

« Je veux terminer en vous lisant quelque chose qui, d'après moi, montre que Jean Vanier est une personne qui agit d'après sa foi chrétienne. Il a dit : "Nous découvrons que Dieu, en Jésus, est caché dans celui qui est pauvre, faible et souffrant." »

« C'est une excellente présentation Michèle, a dit M. Aziz. D'après toi, que veut dire Jean Vanier quand il dit que Dieu est caché dans celui qui est pauvre ? »

« Je ne sais pas très bien, a répondu Michèle, mais je sais que lorsque Jésus était sur Terre, il aidait les pauvres. Jean Vanier dit que si nous suivons l'exemple de Jésus, nous ressentirons l'amour de Dieu. Alors j'imagine que ça veut dire que lorsque nous aidons les autres, nous recevons l'amour et la bonté des gens qui nous entourent. » ❖

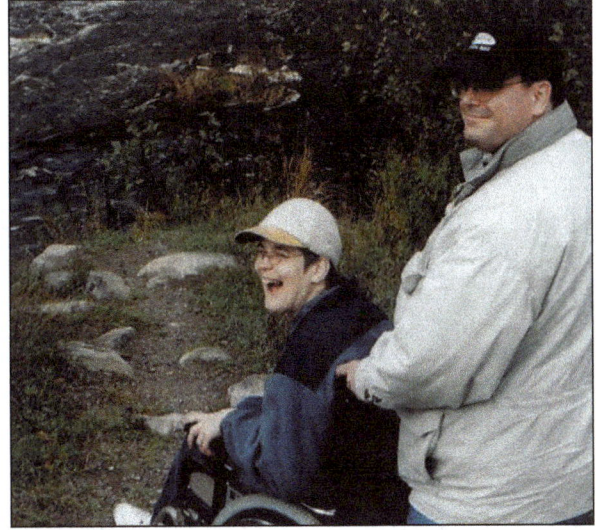

Les gens sur ces photos vivent et travaillent dans la communauté de l'Arche, à North Bay, Ontario.

Discussion

❑ Que veut dire Jean Vanier quand il dit : « Dieu…est caché dans celui qui est pauvre, faible et souffrant ? »

❑ Relis l'écriture sainte du livre de Jean à la page 94. Quel rapport y a-t-il entre ce passage et la création des communautés de l'Arche par Jean Vanier ?

Réflexion

❑ D'après toi, quelle influence l'expérience des gens qui vivent à l'Arche a-t-elle sur eux ? Considère à la fois les gens qui ont besoin d'aide pour s'occuper d'eux-mêmes et ceux qui les aident.

Activité créatrice

❑ Dans cette histoire, Jean Vanier et Claire expriment leur foi à travers l'Arche, une communauté de gens qui s'occupent des autres. Pense à la manière dont certaines personnes dans les histoires précédentes expriment leur foi en s'occupant des autres ou de l'environnement et aux créatures qui y vivent. Fais un dessin qui décrit comment ils expriment leur foi.

❑ En disant que l'océan est composé de gouttes d'eau, Mère Teresa nous rappelle que même les petites choses que nous faisons sont importantes. Découpe une goutte d'eau dans du papier de couleur et dessine ce que tu pourrais faire pour construire un monde meilleur. Affiche ta goutte d'eau dans la classe.

Quand quelqu'un meurt

En bref Hameed partage avec Robert ses sentiments et ses croyances sur la mort.

Robert et Hameed étaient assis sur les marches devant la maison de Robert. Robert racontait à Hameed que son grand-père venait de mourir. Le lendemain, Robert et son père iraient à Toronto en avion pour les funérailles.

« Tu sais, ma grand-mère est morte l'an dernier, a dit Hameed. Mes parents étaient très tristes. J'étais désolé de voir pleurer ma mère. Je ne savais pas quoi faire pour l'aider. »

« Quand ma mère est morte, a dit Robert. J'ai éprouvé la même chose pour mon père. Mais j'étais très triste aussi. Je ne comprenais pas pourquoi elle était morte et je ne savais pas comment réagir. Avec mon grand-père, c'est différent.

« Je suis toujours triste aussi mais je m'inquiète plus pour mon père. Il est très malheureux. »

« Parfois, c'est très difficile de savoir quoi dire, n'est-ce pas ? » a commenté Hameed.

« Oui, qu'est-ce que tes parents t'ont dit ? Est-ce qu'il y a eu des funérailles pour ta grand-mère ? » Robert savait qu'Hameed était musulman, mais il ne connaissait pas les traditions islamiques lorsqu'il y a une mort.

« Quand ma grand-mère est morte, mes parents m'ont lu des passages du Coran et m'ont dit ce qui se passerait quand elle serait enterrée. D'après les traditions et pratiques islamiques, quand une personne meurt, on la lave et on l'enveloppe dans un tissu propre et blanc que l'on appelle un linceul. C'est pour leur montrer notre respect.

Écriture sainte
Coran

Quant à ceux qui ont cru et fait de bonnes œuvres, Il leur accordera leurs pleines récompenses et y ajoutera le surcroît de Sa grâce. Et quant à ceux qui ont eu la morgue et se sont enflés d'orgueil, Il les châtiera d'un châtiment douloureux.

Sourate 4:173

« Ma grand-mère a été enterrée à St. John's, a continué Hameed. Il y a eu une cérémonie à la mosquée. Tous les gens de la communauté islamique peuvent venir aux funérailles pour montrer leur soutien. Nous parlons des qualités de la personne qui est morte et nous partageons des histoires à son sujet.

« Les musulmans acceptent que tout le monde doit mourir un jour et même si nous sommes tristes, nous savons que ça va arriver. Nous n'observons pas le deuil pendant longtemps. »

« Penses-tu que ta grand-mère est allée au paradis ? » a demandé Robert.

« J'espère que oui. Tu vois, nous croyons que lorsque les gens ont vécu dans le bien et ont suivi les conseils du Coran, Dieu les récompense quand ils meurent, et ils vont au paradis. S'ils ont vécu dans le péché, ou s'ils étaient égoïstes et gourmands, ils seront punis. Je crois que ma grand-mère est au paradis. Elle me manque encore parfois. »

« Je savais que mon grand-père mourrait un jour, mais je suis triste malgré tout », a dit Robert.

« Veux-tu me parler de lui ? Peut-être que si tu me parles des bons moments que tu as partagés avec lui, tu te sentiras mieux », a répondu Hameed.

« J'aimerais beaucoup ça », a dit Robert. Il avait beaucoup de bonnes qualités. » Robert a parlé de son grand-père à Hameed pendant une heure. ❖

Quelquefois, s'intéresser à quelqu'un, c'est simplement l'écouter.

Discussion

❑ Robert comprend un peu mieux la religion d'Hameed. Comment cela peut-il aider Robert à accepter la mort de son grand-père ?

Réflexion

❑ Comment Hameed a-t-il montré à Robert qu'il est un véritable ami ? Et toi, as-tu soutenu un ami ? Dans quelles circonstances ?

Retour en arrière

Les gens vivent des expériences qui les obligent à voir les choses d'une manière différente et à avoir une autre perspective. Lis les phrases suivantes. Identifie le personnage qui aurait pu les prononcer. Quelle est la nouvelle perspective ?

- « Je crois que je n'ai aucun talent. »

- « Personne ne me verra mettre ces gants dans le sac à dos. »

- « Si nous attendons qu'il fasse noir, nous ne trouverons jamais notre chemin pour retourner à la camionnette. »

- « J'aimerais vraiment faire partie du club d'art dramatique mais je crois qu'ils n'ont pas besoin de moi. »

- « Je travaille avec des gens qui ont besoin d'aide pour s'occuper d'eux-mêmes et pour faire la cuisine, les achats et le ménage. »

- « Qu'est-ce que je dois faire avec tous ces vêtements ? »

- « Même si mes parents avaient assez d'argent, je crois que je ne mérite pas ce que je veux pour mon anniversaire. »

Conseils pour le voyage

Troisième partie

Des adieux tristes

En bref — Robert examine ses sentiments après la mort de son grand-père.

Robert et son père se sont installés dans les sièges étroits de l'avion qui se préparait à quitter l'aéroport de Deer Lake. M. Kerfont a regardé par la fenêtre pendant longtemps. Robert n'a rien dit. Quand ils étaient au-dessus des nuages, ils se sont finalement regardés.

Robert avait l'impression de savoir ce que son père pensait. Robert se souvenait qu'après la mort de sa mère, il avait passé beaucoup de temps à regarder par la fenêtre de sa chambre en pensant à elle.

Maintenant, ils étaient en route pour les funérailles de son grand-père à Bramalea, en Ontario et il devinait que son père pensait à des souvenirs de son propre père.

Quand son père s'est finalement retourné vers lui, il avait l'air très triste. Il n'a rien dit. Il a simplement posé sa main sur celle de Robert et a souri gentiment.

Assis dans l'avion, Robert éprouvait des sentiments contradictoires. Il était triste car son grand-père était mort, mais il était heureux d'être en avion et il aimait

voyager avec son père. Il se souvenait aussi du plaisir qu'il avait eu avec ses cousins quand ils leur avaient rendu visite l'été précédent. Il avait hâte de les revoir. En même temps, il ne savait pas comment ce serait aux funérailles ni chez sa tante. Il n'aimait pas voir son père si triste.

Robert allait manquer l'école. M. Aziz lui avait donné des devoirs et lui avait suggéré de tenir un journal. Robert devait écrire toutes ses pensées et ses observations pendant son séjour. Robert avait acheté un petit carnet avant de partir. Il l'a sorti pour y écrire ses pensées au sujet du vol et de ce qu'il voyait du hublot de l'avion.

Quelques heures plus tard, Robert et son père sont arrivés à Toronto. Dans le terminal, sa tante Pauline et ses cousins, Jennifer et Terry, les attendaient. Il était évident qu'ils étaient contents d'accueillir Robert et son père, même si sa tante avait les larmes aux yeux. Ses cousins souriaient, mais ils étaient plus calmes que dans les souvenirs de Robert.

Ils ont quitté l'aéroport et sont allés en voiture jusqu'à la maison de sa tante. Pendant le trajet, ils n'ont pas beaucoup parlé au début. Robert ne savait pas quoi dire. Finalement son père et sa tante ont commencé à parler. « C'est triste de se rencontrer dans ce genre de circonstance, mais je suis heureuse d'avoir l'occasion de vous voir », a dit sa tante Pauline.

Ce soir-là, Robert et ses cousins ont regardé un film pendant que leurs parents discutaient des détails des funérailles et de ce qu'ils allaient faire des affaires de leur père. L'enterrement était prévu pour le lendemain.

Écriture sainte
Ancien Testament

*L*e Seigneur est mon berger, je ne manquerai de rien. Il me met au repos dans des prés d'herbe fraîche, il me conduit au calme près de l'eau. Il ranime mes forces, il me guide sur la bonne voie, parce qu'il est le berger d'Israël. Même si je passe par la vallée obscure, je ne redoute aucun mal, Seigneur, car tu m'accompagnes. Tu me conduis, tu me défends, voilà ce qui me rassure.

Face à ceux qui me veulent du mal, tu prépares un banquet pour moi. Tu m'accueilles en versant sur ma tête un peu d'huile parfumée. Tu remplis ma coupe jusqu'au bord. Oui, tous les jours de ma vie, ta bonté, ta générosité me suivront pas à pas. Seigneur, je reviendrai dans ta maison aussi longtemps que je vivrai.

Psaume 23

Les funérailles ont eu lieu dans l'église de Bramalea où allait le grand-père de Robert. L'église était remplie des membres de la famille et des amis. Robert a écouté le ministre du culte et quelques autres personnes qui ont parlé de la longue vie de M. Kerfont et de tout ce qu'il avait fait. Robert a écouté et il était surpris d'apprendre des choses au sujet de son grand-père qu'il ne savait pas.

Pendant la cérémonie, Hélène, l'aînée des petits-enfants a lu le Psaume 23. Le ministre du culte a lu une partie de l'Évangile de Jean.

À la fin de la cérémonie, tout le monde est sorti de l'église. Les gens se sont rassemblés autour du père de Robert et de sa tante. Il y avait des rires et des pleurs. Les gens regrettaient qu'une belle vie soit terminée mais ils étaient heureux de pouvoir partager leurs souvenirs.

Le lendemain, les autres membres de la famille sont repartis mais Robert et son père sont restés.

Les cousins de Robert étaient ravis de lui faire découvrir les environs. Ils ont trouvé une vieille paire de patins pour Robert et l'ont emmené patiner avec eux sur une patinoire extérieure tout près.

Pendant ce temps-là, son père et sa tante Pauline avaient beaucoup de décisions à prendre.

Ils devaient s'occuper des affaires de son grand-père. Robert se rendait compte qu'ils avaient souvent des discussions tristes à voix basse. Il était parfois surpris de les entendre rire ensemble quand ils partageaient des souvenirs amusants.

Plus tard, ils ont appelé Robert dans la chambre de son grand-père.

Écriture sainte
Nouveau Testament

Jésus lui dit : «Je suis la résurrection et la vie. Celui qui croit en moi vivra, même s'il meurt ; et celui qui vit et croit en moi ne mourra jamais. Crois-tu cela ? »

Jean 11. 25-26

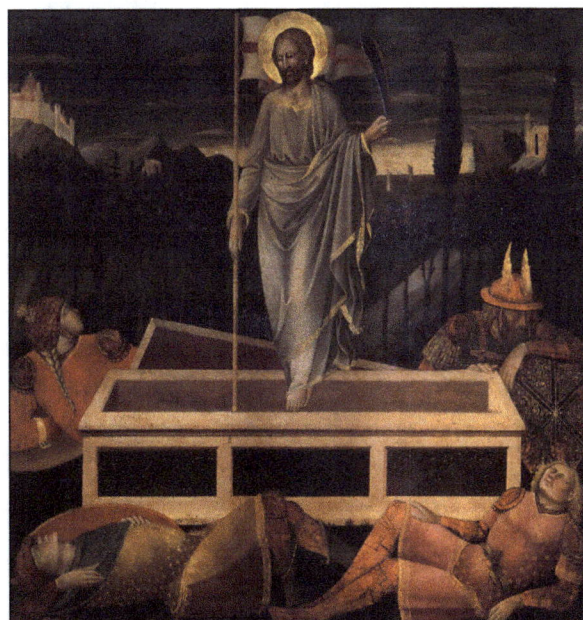

La résurrection du Christ, 15e siècle, Mariotto du Cristofano

« Robert », lui a dit sa tante. Elle tenait quelque chose dans sa main et Robert voyait bien qu'elle souriait malgré ses larmes. « Ton père et moi avons pensé que tu devrais avoir la montre de poche de ton grand-père. » Elle a tendu la montre à Robert.

Cela lui a fait tout drôle de tenir la vieille montre dans sa main. Il avait toujours été fasciné par cette montre. Son grand-père lui permettait de l'ouvrir et l'aidait à lire l'heure en utilisant les chiffres romains qui ne lui étaient pas vraiment familiers. Il aimait son apparence et son toucher. Mais, il éprouvait des sentiments confus ; il ne savait pas s'il était heureux qu'elle lui appartienne ou non.

« C'est bien comme ça, mon fils », a dit son père en voyant que Robert ne savait pas trop quoi penser. « Ton grand-père voudrait que tu l'aies. Ça lui ferait plaisir. »

Tout à coup, Robert est devenu très triste. Il était heureux de sentir le bras de son père autour de ses épaules.

« Pourquoi est-ce que la vie des gens doit se terminer ? » a-t-il demandé sans vraiment attendre de réponse.

M. Kerfont a gardé le silence pendant un moment. « Te souviens-tu quand le ministre du culte a lu un passage de l'Évangile de Jean pendant les funérailles de ton grand-père ? Il parlait de la croyance chrétienne que pour ceux qui croient en Dieu, la mort n'est pas une fin. »

« Que veux-tu dire ? » a demandé Robert.

« Je veux dire que même si ton grand-père est parti, je crois qu'il est avec Dieu maintenant. Son esprit continuera à vivre. Est-ce que cela te réconforte ? » a demandé le père de Robert.

« Oui », a répondu Robert.

« Il y a tant de choses que nous ne comprenons pas au sujet de la mort, a continué son père, mais nous comptons sur notre foi pour nous aider dans les moments difficiles comme celui-ci. » ❖

Un membre de la famille meurt et est enterré dans un cimetière. Les autres membres de la famille font généralement ériger un monument en pierre sur la tombe. Les gens placent des fleurs en souvenir de leur bien-aimé.

Discussion

❑ M. Kerfont dit qu'en tant que chrétien, il croit que la mort n'est pas une fin. Relis l'écriture sainte de la page 105. Comment explique-t-elle le concept chrétien de la vie éternelle ?

❑ Si tu connais quelqu'un qui a un proche qui est mort, que pourrais-tu faire pour l'aider ?

Activité créatrice

❑ Imagine que tu es à la place de Robert. Écris une carte postale à Hameed. Dans ton message, raconte à ton ami que tu as reçu la montre de ton grand-père et explique ce que ça veut dire pour toi.

Les sans-abri

En bref Robert se demande ce qu'il devrait faire au sujet des pauvres et des sans-abri.

La veille de leur retour chez eux, Robert et son père ont visité le centre-ville de Toronto.

Ils ont pris l'autobus à Bramalea et puis le métro jusqu'à la rue Yonge. Ils avaient prévu continuer à pied pour visiter la grande ville et faire des achats. Dans l'après-midi, ils avaient envie de visiter le Musée royal de l'Ontario. Robert était tout excité en sortant du métro sous le soleil.

Rue Yonge, Toronto

Dans l'entrée d'un grand immeuble, Robert a été surpris de voir un homme barbu assis par terre. Il portait plusieurs épaisseurs de vieux vêtements et était entouré d'un tas de sacs en plastique. Sans parler, il présentait aux passants une tasse en carton.

Robert savait qu'il y avait des gens pauvres dans le monde car il avait vu à la télévision des images choquantes de la pauvreté. Lui et son père faisaient souvent des dons de nourriture à la banque alimentaire locale. Mais, il ne se souvenait pas d'avoir vu la pauvreté devant lui et il n'était pas préparé pour ce qu'il a vu.

Robert a essayé de ne pas regarder, mais il ne pouvait pas s'en empêcher. Il a regardé son père déposer une pièce d'un dollar dans la tasse.

« Merci, Monsieur et bonne journée », a répondu une voix grave.

Robert a vu d'autres personnes mendier ce jour-là. Son père les appelait des sans-abri. Ce qui l'a vraiment surpris, c'est qu'il y avait des jeunes aussi bien que des vieux assis contre les murs des magasins et des bureaux. Beaucoup demandaient de l'argent lorsque son père et Robert passaient devant eux.

« Est-ce que quelqu'un fait quelque chose pour les aider ? » a demandé Robert à son père.

« Oh oui, a répondu M. Kerfont. Il y a beaucoup de groupes qui font des efforts pour aider ces gens-là. En fait, l'assemblée de notre église de Toronto leur offre une soupe populaire. D'autres églises font la même chose et certains groupes s'occupent de logements où les sans-abri peuvent dormir. Je sais que des organismes juifs et musulmans leur offrent des repas et un abri aussi. Tous les croyants pensent que, dans tous les cas, nous devons aider ceux qui ont des problèmes.

« Il y a des gens qui ne pratiquent aucune religion mais qui aident les autres de différentes façons. Certains font du bénévolat dans des banques alimentaires ou des abris et d'autres font don de leur temps, de leur énergie et de leur argent à des organismes qui aident les gens dans le besoin. » Robert s'est senti mieux de savoir qu'il y a des groupes qui aident les sans-abri.

Robert a beaucoup aimé sa journée à Toronto. Il a vu tellement de choses au Musée royal de l'Ontario. Mais dans le métro, en rentrant chez sa tante, Robert s'est posé beaucoup de questions au sujet des sans-abri. Pourquoi sont-ils dans la rue ? Ont-ils des maisons ? Est-ce qu'ils vivent dans la rue ? Ont-ils des familles ? Peuvent-ils vivre de l'argent que les gens leur donnent ? Que font-ils en cas de tempête ? ❖

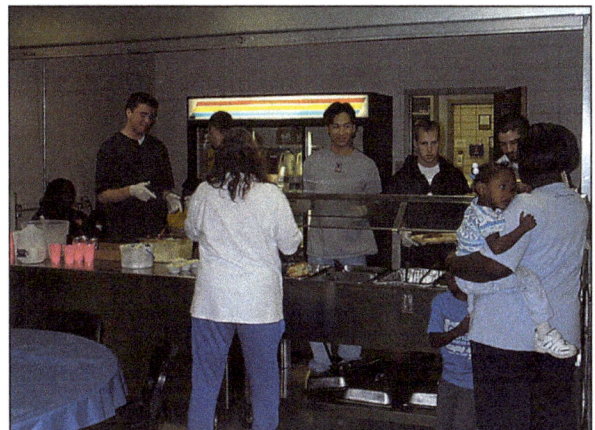

Beaucoup de gens s'engagent à travailler dans des banques alimentaires et des soupes populaires.

Beaucoup de villes ont une population de sans-abri ou de gens qui vivent dans des abris temporaires.

Discussion

❑ Robert a vu des gens mendier dans les rues de Toronto. Toronto est une grande ville. Les gens qui vivent dans des endroits très peuplés rencontrent plus de difficultés que les gens pauvres qui habitent dans les petites communautés rurales. Cite quelques-uns de ces défis.

Réflexion

❑ Pense aux images de la pauvreté que tu as vues à la télévision et ailleurs. Qu'est-ce que tu ressens ? Pourquoi ?

Activité créatrice

❑ Il y a différentes sortes de pauvreté et différentes façons d'aider ceux qui sont dans le besoin. Crée un collage avec des images de la pauvreté et de personnes en train d'aider ces gens. Quand le collage sera terminé, tu écriras un poème ou un paragraphe pour exprimer ce que tu ressens.

Il n'y a pas de réponse facile

En bref   Robert découvre le point de vue musulman concernant le don aux pauvres.

Ce soir-là, quand ils sont rentrés à l'appartement de sa tante à Bramalea, Robert pensait toujours aux gens qui vivent dans la rue. Son père lui a rappelé qu'il devait faire des devoirs avant de se coucher. Il se souvenait que M. Aziz lui avait demandé d'écrire ses expériences en Ontario.

Robert a ouvert son journal et a commencé à écrire ce qu'il avait vécu à Toronto. Il a parlé de ses sentiments confus au sujet de la pauvreté et des sans-abri. Il a écrit :

Je suis triste de voir des gens qui n'ont pas de nourriture ni d'abri. Je me demande ce qu'ils ressentent. Sont-ils heureux ou tristes ? Pourquoi vivent-ils dans la rue ? Où sont leurs familles ?

Je suis heureux de savoir qu'il y a des abris et des soupes populaires pour aider les sans-abri, mais je pense que les gens devraient faire plus de choses pour les aider. Qu'est-ce que je pourrais faire ? Ça me bouleverse de penser qu'il y a des gens dans le monde qui ont froid et faim.

Peu de temps après, Robert et son père sont rentrés à Corner Brook. Le lendemain Robert a rencontré Hameed à l'arrêt d'autobus et ils se sont assis ensemble dans l'autobus. Hameed a remarqué que Robert n'était pas attentif et qu'il pensait à autre chose.

« Tu vas bien Robert ? a demandé Hameed. Tu ne dis presque rien ce matin. »

« Je vais bien, a répondu Robert. Je pensait seulement à des gens que j'ai vus à Toronto. »

Hameed a hoché la tête : « Tu veux dire ta famille ? Ils doivent être tristes car ton grand-père est mort. »

« Non, je veux dire des sans-abri que j'ai vus à Toronto. Il y avait des gens qui habitaient dans la rue et qui mendiaient. Je me demande pourquoi les gens vivent dans la rue et ce qu'on peut faire pour les aider », a dit Robert.

« Je comprends ce que tu veux dire, a répondu Hameed. J'ai vu des sans-abri quand je suis allé voir ma famille à St. John's. Au début, je ne savais pas quoi penser. J'en ai parlé à mes parents et ils m'ont dit de penser à *zakat*. »

« Qu'est-ce que c'est zakat ? » a demandé Robert.

« C'est un des cinq piliers de l'islam, a répondu Hameed. Zakat, c'est comme la charité. Souviens-toi quand on a parlé du Ramadan et des cinq piliers de l'islam dans la classe d'enseignement religieux ? Zakat est un des cinq piliers. Une partie importante de la foi islamique est d'aider ceux qui en ont besoin.

« La traduction du mot arabe, zakat, est purification. Les musulmans croient que l'argent et la richesse qu'ils ont ne leur appartiennent pas vraiment. Ils croient que c'est un don de Dieu et qu'ils ont la responsabilité de les partager avec les autres. Les musulmans croient que Dieu leur fait confiance pour distribuer la richesse pour que personne n'ait faim ou ne soit dans le besoin. Je me souviens d'un passage du Coran au sujet de zakat. » Hameed a récité le passage suivant :

Écriture sainte
Coran

*M*ais la bonté pieuse est de croire en Allah, au Jour dernier, aux Anges, au Livre et aux prophètes, de donner de son bien, quelqu'amour qu'on en ait, aux proches, aux orphelins, aux nécessiteux, aux voyageurs indigents et à ceux qui demandent l'aide et pour délier les jougs, d'accomplir la Salat et d'acquitter la Zakat.

Sourate 2.177

Robert pensait à ce que Hameed lui avait dit. Plus tard, quand M. Aziz a donné le choix aux élèves d'écrire dans leur journal de bord ou de lire en silence, Robert a choisi d'écrire :

Hameed m'a parlé de zakat ce matin. Ça m'a fait penser à la manière dont les musulmans comme Hameed et sa famille aident les gens dans le besoin et ça m'a appris comment je peux aider, moi aussi. Je peux demander à mon père de faire des dons à la banque alimentaire quand nous irons au supermarché. Je peux trouver des activités et participer aux levées de fonds organisées par mon église. Je ne pourrai peut-être pas donner de la nourriture et un abri à tous les sans-abri mais je peux aider ceux qui sont dans le besoin dans ma communauté.

Le lendemain, M. Aziz a demandé à Robert s'il voulait bien lire ce qu'il avait écrit dans son journal. M. Aziz a aussi demandé à Hameed s'il voulait raconter ce qu'il avait dit à Robert dans l'autobus. « Vos idées feraient un bon sujet de discussion dans la classe d'enseignement religieux. »

Les deux garçons étaient d'accord.

Le lendemain, Robert a lu ce qu'il avait écrit dans son journal et Hameed a parlé de zakat. Leurs camarades de classe étaient très intéressés. M. Aziz a lancé une discussion sur les différentes façons dont on peut faire la charité.

« Même si nous sommes tous d'accord qu'il faut aider ceux qui sont dans le besoin, tout le monde n'est pas d'accord sur la façon de les aider. »

« C'est vrai, a dit Robert. Il y a beaucoup d'opinions sur la façon d'aider les sans-abri. Et en plus, il y a beaucoup de groupes qui essaient de les aider. »

« Merci de partager ces informations avec nous », a dit M. Aziz à Robert et à Hameed.

Puis il s'est tourné vers la classe. « Il y a une autre chose que je veux vous faire comprendre. Ceux qui sont dans le besoin ne sont pas seulement les gens que Robert a vus dans les rues de Toronto. Parfois, il est difficile de reconnaître ceux qui sont dans le besoin. Et même s'il est difficile de savoir qui ils sont, ils méritent notre aide. »

« Veux-tu dire que ceux qui sont dans le besoin, ce n'est pas seulement ceux qu'on voit mendier ? » a demandé Josée.

« Oui, exactement », a dit M. Aziz.

« Il y a un passage dans le Coran qui explique ça, a dit Hameed. Est-ce que je peux le lire à la classe ? »

« S'il te plaît », a dit M. Aziz.

Hameed a lu le passage ci-dessous.

Quand Hameed a fini sa lecture, M. Aziz l'a remercié et a dit : « Aider ceux qui sont dans le besoin, peu importe si on les connaît, est une croyance dans beaucoup de religions. Même s'il n'y a personne qui mendie dans les rues de Corner Brook, on ne doit pas oublier qu'il y en a toujours qui ont besoin de notre aide. » ❖

Écriture sainte
Coran

*A*ux nécessiteux qui se sont confinés dans le sentier de Allah, ne pouvant parcourir le monde, et que l'ignorant croit riches parce qu'ils ont honte de mendier - tu les reconnaîtras à leur aspects - Ils n'importunent personne en mendiant. Et tout ce que vous dépensez de vos biens, Allah le sait parfaitement.

Sourate 2.273

Une façon d'aider les sans-abri, c'est de leur offrir des endroits où ils peuvent prendre un repas.

Discussion

❑ Robert ne savait plus quoi penser au sujet des sans-abri. Il a parlé à Hameed et il a découvert zakat. Avec tes camarades, parle de ce qui l'a aidé à se sentir mieux.

❑ Les musulmans ainsi que les gens de beaucoup d'autres religions aident ceux qui sont dans le besoin. Es-tu d'accord que tu devrais donner à ceux qui sont dans le besoin ? Comment peut-on le faire ? Comment est-ce que les sans-abri peuvent être aidés ?

Activité créatrice

❑ À la page 114, M. Aziz dit qu'il n'y a pas que les sans-abri qui ont besoin de l'aide des autres. Quelquefois, il est difficile d'identifier les gens dans le besoin. Pense à des gens qui ont besoin de l'aide des autres. En petits groupes, préparez une saynète qui montre comment aider quelqu'un dans le besoin. Présentez votre saynète à la classe.

Trouver son chemin

En bref — Avec ses élèves, M. Aziz étudie les origines et l'importance de la Bible et du Coran.

Un vendredi matin où il faisait frais, M. Aziz et sa classe étaient à Crow Hill, une colline située au dessus de la ville de Corner Brook. Ils avaient étudié l'année passée l'exploration de Terre-Neuve-et-Labrador. Sur la colline, il y a un monument dédié au capitaine James Cook. M. Aziz avait déjà parlé du célèbre explorateur qui, en 1767, avait cartographié une grande partie de la côte ouest de Terre-Neuve.

M. Aziz avait presque fini de parler. Le vent s'était levé et, par moments, il était difficile d'entendre sa voix.

« Nous avons une vue superbe de la Baie des Îles d'ici, a-t-il dit. Allons voir le monument. »

Sur le site, M. Aziz a expliqué : « Le monument montre la carte que le capitaine Cook a dessinée de cette région il y a plus de deux cents ans. Si vous regardez au-dessous de nous, vous verrez le bras de mer avec ses rives nord et sud et la vaste étendue des montagnes Blomidon. »

« C'est superbe », a dit Josée en regardant le monument puis la Baie des Îles et le monument à nouveau. « Je n'ai jamais réfléchi à la manière dont on dessine les cartes. »

« Oh, c'est assez compliqué, même encore de nos jours, a dit M. Aziz. Le capitaine Cook était un homme incroyable. Il a cartographié des endroits partout au monde sans l'aide des technologies modernes. »

Le monument dédié au capitaine Cook à Crow Hill, Corner Brook.

Il était évident que M. Aziz admirait cet officier de la marine qui, il y a si longtemps, s'était aventuré dans ces eaux inconnues. L'enseignant a continué : « Ses cartes ont aidé des milliers de marins à trouver leur chemin le long de nos côtes rocheuses et dangereuses. Elles ont empêché des bateaux de couler en les aidant à trouver des ports pour se protéger des tempêtes du golfe du Saint-Laurent. »

M. Aziz a regardé sa montre. « C'est presque l'heure de la récréation. Retournons vers l'autobus pour rentrer à l'école. Nous avons la classe d'enseignement religieux après la récréation et je veux vous parler davantage des cartes. »

Le capitaine James Cook, 1728-1779, Nathaniel Dance (GH) © National Maritime Museum, London (BHC2628)

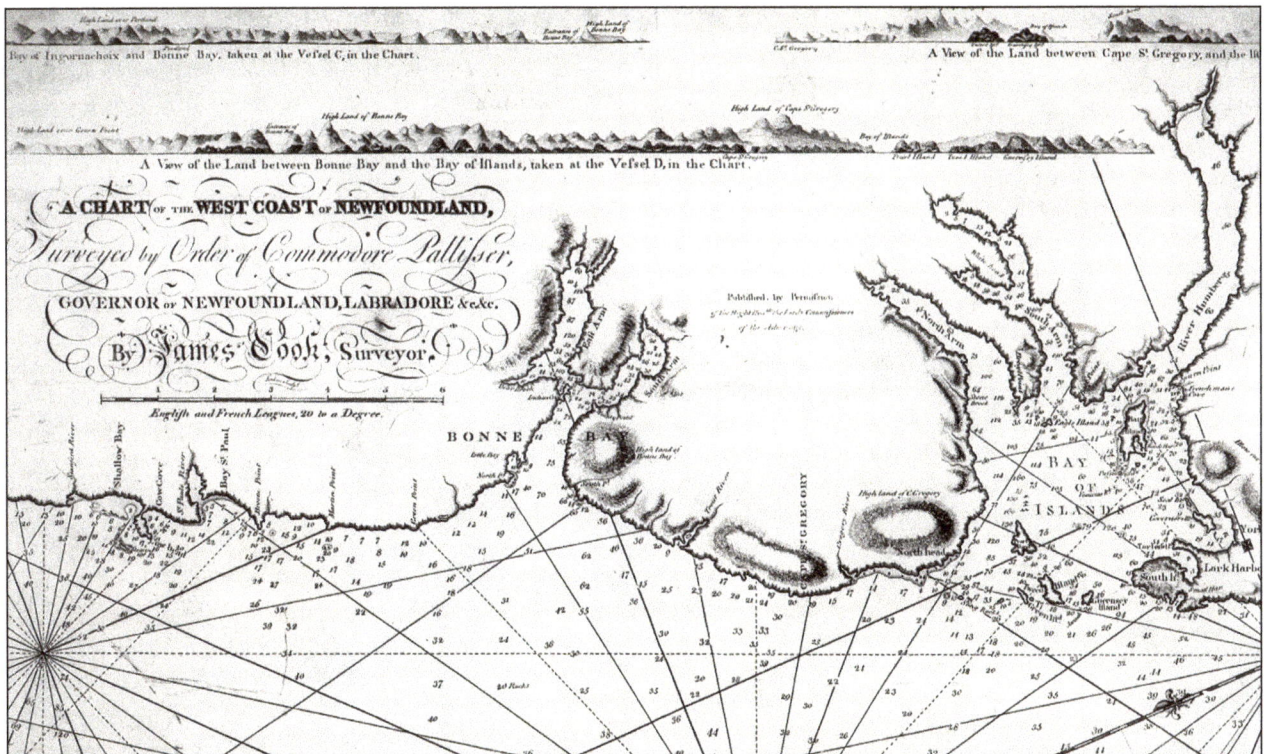

Une des cartes de la côte ouest de Terre-Neuve du capitaine Cook

Quand les élèves sont rentrés en classe, il y avait un titre écrit au tableau : « Les cartes des religions ».

« Qu'est-ce que ça veut dire ? » a demandé M. Aziz.

Aucune réponse. Les élèves étaient silencieux.

« Eh bien, d'après moi, les écritures telles que la Bible et le Coran sont des cartes. Réfléchissez-y un moment. En quoi les écritures peuvent-elles ressembler à des cartes ? Une carte comme celle du capitaine Cook vous montre le chemin. De quelle manière les écritures saintes peuvent-elles montrer le chemin ? Prenez quelques minutes pour travailler en groupes. Faites une séance de remue-méninges et puis vous partagerez vos résultats avec le reste de la classe. »

Les élèves se sont mis en groupe et ont choisi des rapporteurs et des secrétaires. Il y avait beaucoup d'animation. M. Aziz s'est déplacé de groupe en groupe pour s'assurer que tout allait bien.

Au bout de dix minutes, l'enseignant a annoncé : « Voyons ce que vous avez trouvé. »

« Qu'en pensez-vous ? » a-t-il demandé en regardant le groupe de Josée assis dans le fond de la classe.

« Dans notre groupe, a dit Josée, nous avons dit que les livres sacrés, comme la Bible et le Coran, enseignent aux gens comment se comporter, vivre et s'entendre avec les autres.

« Alors, les écritures sont comme des cartes puisqu'elles guident. Elles montrent la façon dont les gens devraient mener leur vie », a ajouté Josée.

« Merci, Josée, a dit M. Aziz. Maintenant voyons le groupe de Robert. »

Robert avait très envie de répondre : « Si vous suivez les écritures, vous pouvez vous éviter des ennuis de la même manière que les marins utilisent des cartes pour éviter les rochers. »

M. Aziz a fait oui de la tête.

La discussion a continué. Michèle a ajouté : « Ma grand-mère dit qu'elle lit sa Bible parce que ça la réconforte quand elle est triste. Elle dit que ça lui apporte de la sécurité. Je crois qu'une carte apporte

Écriture sainte
Le Nouveau Testament

*T*oute Écriture est inspirée de Dieu et utile pour enseigner la vérité, **réfuter** l'erreur, corriger les fautes et former à une juste manière de vivre,...

2 Timothée 3. 16

Réfuter
Nier ou refuser le bien-fondé d'un raisonnement ou d'un argument

Écriture sainte
Coran

*N*ous avons effectivement envoyé Nos Messagers avec des preuves évidentes, et fait descendre avec eux le Livre et la balance, afin que les gens établissent la justice. Et Nous avons fait descendre le fer, dans lequel il y a une force redoutable, aussi bien que des utilités pour les gens, et pour que Allah reconnaisse qui, dans l'Invisible, défendra Sa cause et celle de Ses Messagers. Certes, Allah est Fort et Puissant.

Sourate 57.25

la même chose quand elle indique au marin où il peut trouver un endroit pour se protéger de la tempête. »

Gérard a pris la parole : « Les écritures saintes guident les gens vers un but ou une récompense, n'est-ce pas ? Je veux dire, comme le paradis par exemple ? »

« Oui, a dit M. Aziz. Plusieurs croyants pensent qu'aller au ciel c'est un but final. C'est une de leurs croyances fondamentales. Et, tu as raison, les gens utilisent les écritures saintes pour les guider en essayant d'atteindre leur but. »

« Mais, Monsieur, a dit Josée. Je sais que dans notre église, nous apprenons que Dieu veut que nous fassions le bien et que nous devrions nous concentrer là-dessus plutôt que d'attendre une récompense à la fin. »

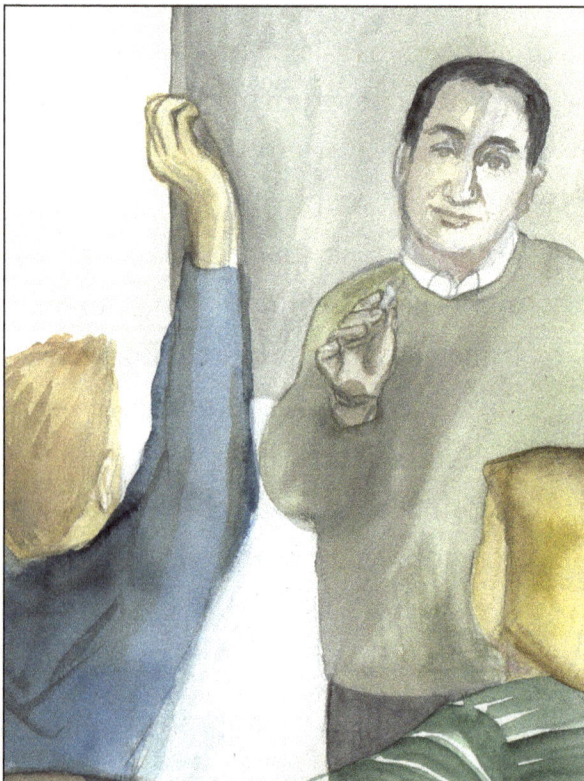

« Très bien, Josée, a répondu M. Aziz. Je crois que tu veux dire qu'il est plus important de se concentrer sur la façon dont nous vivons au quotidien que de se concentrer sur une récompense finale. »

Hameed voulait dire quelque chose : « Dans le Coran, il y a un passage qui dit que les gens qui travaillent dur pour vivre selon les textes sacrés du Coran seront récompensés, mais ce que nous faisons sur Terre et comment nous nous comportons chaque jour, c'est plus important. »

« Merci, Hameed. Les enseignements religieux tels que ceux de la Bible et du Coran peuvent aider les gens à comprendre comment faire des choix et comment agir de façon positive. »

M. Aziz était content de la séance de remue-méninges. « Vous avez fait des

Écriture sainte
Coran

Quiconque, mâle ou femelle, fait une bonne œuvre tout en étant croyant, Nous lui ferons vivre une bonne vie. Et Nous les récompenserons, certes, en fonction des meilleures de leurs actions.

Sourate 16.97

remarques très intéressantes », a-t-il dit en montrant du doigt leurs commentaires au tableau.

En se retournant vers la classe, M. Aziz a remarqué que Robert levait la main : « Oui, Robert. »

« Notre groupe se demandait comment on avait pu écrire ces textes sacrés. Vous nous avez montré comment le capitaine Cook a fait des dessins des côtes et a mesuré la profondeur des eaux pour faire ses cartes, mais comment est-ce qu'on a fait la Bible et le Coran ? »

« Voilà une très bonne question, a répondu M. Aziz. Mais il faudra un moment pour y répondre. Et si on y répondait dans une prochaine classe ? »

Le lendemain, il y avait un autre titre au tableau : « Les origines des écritures saintes ».

« Aujourd'hui, nous allons parler des origines de l'islam et du christianisme. Nous allons commencer avec l'islam. Vous savez déjà que les écritures saintes de l'islam s'appellent le Coran. Les musulmans croient qu'il a été remis à Mahomet sur une période de 23 ans. Les fidèles de la religion islamique voient Mahomet comme un prophète ou messager de Allah. Ils croient que l'ange Gabriel lui a donné les mots des écritures saintes, le Coran.

« Quand Mahomet était en vie, les mots du Coran n'étaient pas dans un seul volume. Les gens qui entendaient son message se souvenaient de ses mots et certains les écrivaient. C'est seulement après sa mort que les différentes écritures ont été rassemblées et ont formé le Coran. Il a été écrit en arabe, la langue de Mahomet. Le Coran est un livre. Les musulmans mémorisent toujours les versets et peuvent les réciter sans avoir besoin de les lire. Beaucoup de gens peuvent réciter le Coran en entier en arabe. »

Michèle s'est tournée vers Hameed. « Peux-tu réciter des passages du Coran ? » lui a-t-elle demandé.

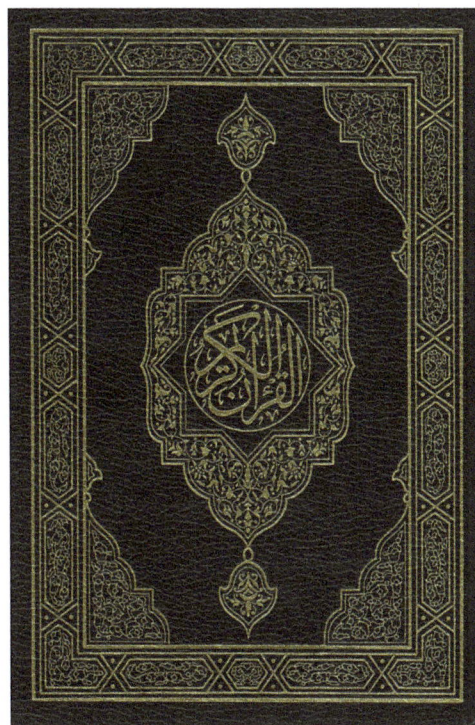

Le Coran est écrit en arabe et les adeptes de l'islam le mémorisent en arabe. Il y a des traductions du Coran dans beaucoup d'autres langues mais elles ne sont pas considérées comme la parole de Dieu parce qu'elles ne sont pas en arabe.

« Oui, certains. J'en apprends toujours des nouveaux ; ça fait partie de mon éducation religieuse à la maison. Je les mémorise en arabe », a répondu Hameed.

« Merci d'avoir partagé ça avec nous Hameed, a répondu M. Aziz. Continuons notre discussion.

« Il est un peu plus difficile d'expliquer comment on a écrit la Bible. Comme vous le savez, les religions chrétienne et juive partagent cette partie de la Bible que les chrétiens appellent l'Ancien Testament et que les juifs appellent le Tanak. Certains membres des religions chrétienne et juive croient que Dieu a révélé les cinq premiers livres de l'Ancien Testament à Moïse sur le Mont Sinaï et que Moïse est l'auteur des livres de la Genèse, de l'Exode, du Lévitique, des Nombres et du Deutéronome.

« D'autres juifs et chrétiens pensent que ces livres, et d'autres encore de l'Ancien Testament, ont été écrits à différentes époques et par différentes personnes. Ils pensent que les histoires que nous lisons au sujet de Moïse et d'autres personnages de l'Ancien Testament ont été transmises oralement jusqu'à ce que quelqu'un les écrive.

« Quant au Nouveau Testament, les écritures saintes chrétiennes, il renferme une collection de quatre Évangiles qui raconte la vie de Jésus. Les chrétiens croient qu'elles ont été écrites après la mort de Jésus. Il y a aussi une histoire de l'église chrétienne dans le livre qui s'appelle les Actes des Apôtres. L'apôtre Paul a écrit beaucoup de lettres aux premiers chrétiens. Ces lettres et d'autres aussi sont devenues une partie importante des écritures saintes. À la fin du Nouveau Testament, on trouve l'Apocalypse. Le livre de l'Apocalypse raconte la fin du temps sur la Terre, la bataille entre le bien et le mal et le retour du Christ.

« Alors, la Bible est un mélange d'écritures différentes. Une partie est sous la forme des enseignements que les juifs et les chrétiens suivent. D'autres parties racontent l'histoire de personnages historiques importants. D'autres encore parlent d'événements importants. Mais, même si la Bible ne représente pas la même chose pour les chrétiens et pour les juifs, ils la voient tous comme l'histoire des relations de Dieu avec les hommes. Ils croient que d'une manière ou d'une autre, elle a été inspirée par Dieu.

« Cela nous montre que les peuples anciens avaient les mêmes désirs que nous, a ajouté M. Aziz. Ils cherchaient un sens à la vie en essayant de comprendre le monde qui les entourait. Et, quand ils ont trouvé un sens, comme ceux qui établissent des cartes, ils ont voulu guider les autres de la même manière, alors ils l'ont écrit. » ❖

Différentes parties de la Bible ont été écrites en hébreu, en araméen et en grec. La Bible a été traduite à travers les siècles en plusieurs langues.

Discussion

❑ La Bible et le Coran sont des livres importants pour les fidèles du judaïsme, du christianisme et de l'islam. D'après les juifs, les chrétiens et les musulmans, d'où viennent ces textes sacrés ? M. Aziz a expliqué comment ils ont probablement été écrits. Peux-tu expliquer pourquoi ils ont été écrits ?

❑ D'après toi, pourquoi des textes sacrés comme la Bible et le Coran sont-ils traités avec respect ? Donne des exemples de la manière dont on montre le respect.

Allons plus loin

❑ Pense à ceux qui te guident dans tes choix et tes décisions. Fais un dessin ou apporte de la maison un objet ou une photo qui symbolise quelque chose qui te guide. Partage-le avec tes camarades de classe.

Réflexion

❑ Les écritures saintes sont des guides qui indiquent aux croyants comment ils doivent vivre. Pourquoi avons-nous besoin de direction pour savoir quel chemin nous devons suivre dans la vie ?

Le cercle de guérison

En bref Une pratique de la spiritualité des autochtones aide deux élèves en colère.

Les élèves de M. Aziz faisaient une pause pour le repas de midi. Il était toujours dans sa classe et préparait des notes pour la classe suivante. Tout à coup, il a entendu des bruits inhabituels qui venaient du couloir. Au début, il les a ignorés, et puis il s'est rendu compte qu'il s'agissait d'une dispute. Il s'est dirigé vers la porte.

M. Aziz a trouvé dans le couloir deux de ses élèves. Michèle était là avec Catherine, la nouvelle élève qui était arrivée à l'école après les vacances de Noël. Il voyait, à leurs visages, que les deux filles étaient très fâchées.

« Qu'y a-t-il les filles ? » a demandé M. Aziz. Michèle et Catherine ont regardé l'enseignant.

Michèle a répondu d'un air embarrassé : « Oh rien, M. Aziz. » Les filles ont continué à marcher dans le couloir.

En regardant les filles s'éloigner, M. Aziz savait que la situation était sérieuse.

Pendant l'après-midi, M. Aziz a surveillé Catherine et Michèle. Il s'est rendu compte que les relations étaient tendues entre elles. Les deux filles étaient amies depuis l'arrivée de Catherine en janvier. Il se demandait ce qui s'était passé pour changer cette amitié. M. Aziz pensait qu'il avait le devoir d'aller au fond du problème. Il ne voulait pas que quelque chose gâche la bonne ambiance de sa classe.

Juste avant la dernière cloche, M. Aziz a dit : « Michèle et Catherine, je voudrais vous parler pendant quelques minutes après les classes, s'il vous plaît. » Les filles se sont regardées rapidement et elles se sont tournées vers M. Aziz.

« Monsieur, j'ai un rendez-vous chez le dentiste après l'école », a dit Michèle.

« Et je dois rentrer garder mon petit frère », a ajouté Catherine.

« J'en ai pour quelques minutes seulement », a répondu l'enseignant.

« Oui, Monsieur », ont répondu les filles ensemble.

Après le départ des autres élèves, M. Aziz s'est approché.

« Je croyais que vous étiez amies », a-t-il dit.

Michèle a répondu la première : « Nous l'étions. »

« Et qu'est-ce qui s'est passé ? » a demandé M. Aziz.

Les deux filles baissaient la tête. Aucune d'elles ne voulait répondre à l'enseignant.

« Je ne veux pas vous forcer à me le dire, a dit M. Aziz. Mais je veux que vous réfléchissiez pour trouver une façon de résoudre cette situation. Ça ne peut pas continuer comme ça. »

Catherine est sortie de la classe immédiatement. Michèle avait l'air de chercher quelque chose dans son pupitre. Quand elle est sortie finalement, elle avait l'air profondément blessé.

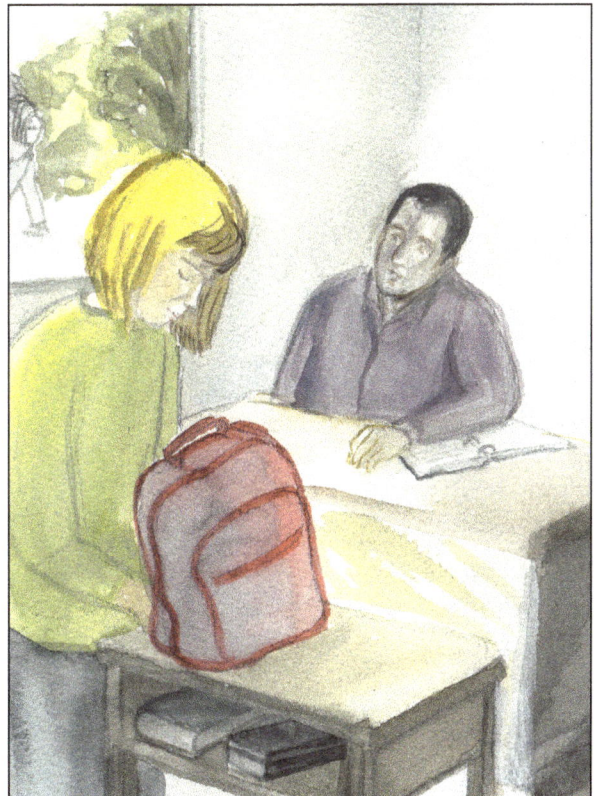

Très tôt le lendemain matin, M. Aziz était seul dans sa classe. Quelqu'un a frappé doucement à la porte. C'était Josée.

« Bonjour Josée. Tu arrives de bonne heure », a dit M. Aziz.

« Est-ce que je peux vous parler, Monsieur ? » a demandé Josée. Elle avait l'air sérieux.

« Bien sûr, entre ! » a dit M. Aziz. Qu'est-ce qu'il y a ? »

« Eh bien, a commencé Josée. J'ai remarqué que vous avez demandé à Michèle et à Catherine de rester après la classe hier et je me demandais si c'était à cause de cette situation. »

« Quelle situation ? » a demandé M. Aziz.

« Catherine a lancé un club chez elle samedi dernier. C'est juste pour regarder des films et écouter de la musique et tout ça. Mais, elle ne veut pas que Michèle en fasse partie. Elle est fâchée parce que Michèle ne l'a pas invitée à passer la nuit chez elle vendredi dernier. Les parents de Michèle avaient dit qu'elle ne pouvait inviter que deux personnes et elle n'avait pas invité Catherine. J'imagine que Catherine a dû se sentir seule et elle veut que Michèle ressente la même chose. Elle m'a dit qu'elle veut que j'arrête d'aller avec Michèle. »

« Qu'as-tu répondu ? » a demandé M. Aziz.

« Je ne savais pas quoi dire. J'aime bien le club, mais Michèle est mon amie. Je pense que Catherine essaye de monter d'autres filles contre Michèle. »

« Oh, là là ! a dit M. Aziz. Ce n'est bon pour personne. Merci d'être venue me parler Josée. Je vais réfléchir à une façon d'aider les filles. »

Pendant toute la journée, M. Aziz a remarqué la tension dans la salle de classe. Ce soir-là, il a cherché des solutions mais ce n'était pas facile. En préparant ses leçons pour le lendemain, il a eu une idée.

Au YMCA-YWCA, M. Aziz avait rencontré une juge qui venait d'arriver à Corner Brook. Elle venait de St. John's. Elle était Mi'kmaq et elle avait raconté à M. Aziz comment elle utilisait des idées de sa tradition autochtone pour aider à résoudre des disputes parmi les gens qui passaient devant elle.

« Je me demande si Jeanne viendrait parler à mes élèves », s'est-il dit.

Il lui a téléphoné et quelques minutes plus tard, le rendez-vous était pris. La juge Marshall viendrait le lendemain.

Le lendemain après-midi, M. Aziz a présenté son amie à sa classe.

« Nous avons étudié la spiritualité des peuples autochtones dans notre classe d'enseignement religieux, a dit M. Aziz. J'ai pensé que nous devrions écouter quelqu'un qui utilise ces idées dans son travail. Soyez la bienvenue dans notre école, Mme la juge. »

« Merci, ça me fait plaisir d'être ici. Je veux commencer en vous parlant un peu de ce que mon peuple pense de ses communautés. Nous pensons qu'il y a des liens entre les personnes d'une même communauté comme si nous faisions partie d'une même famille. Dans nos communautés, il y a une forte tradition de confiance et de loyauté les uns envers les autres. Quand la communauté fonctionne bien, c'est comme un cercle de confiance, avec des liens très forts, sans début ni fin.

« Mais comme vous pouvez l'imaginer, les communautés ne fonctionnent pas toujours parfaitement bien. Parfois il y a un conflit parmi les gens de la communauté. Quelqu'un fait quelque chose qui brise ce cercle de confiance. Quand une relation est brisée, tout le monde en subit les conséquences. La confiance a disparu. Alors, nous croyons que lorsque l'un de nous est blessé, nous sommes tous blessés. Et nous croyons que

quand il y a un problème, tous les membres de la communauté ont la responsabilité d'aider à trouver une solution.

« Une des façons d'y arriver, c'est en utilisant le cercle de guérison. Les cérémonies des cercles de guérison ont généralement lieu dans des endroits non traditionnels comme des centres communautaires et des gymnases mais ils peuvent aussi avoir lieu dans des cabanes à suer. Je crois que je vais prendre un exemple. Ce sera la meilleure façon de vous expliquer ce que c'est qu'un cercle de guérison.

« Un jour, un homme appelé Jo vivait dans le grand nord. Il avait besoin d'une tente. Un autre homme, André, avait deux tentes, mais il avait besoin d'un chien. Les deux hommes ont décidé de faire un échange. Alors Jo a donné un chien à André en échange d'une tente.

« Plus tard, le chien est mort et André est allé voir Jo pour reprendre sa tente. Il a menacé Jo de le tuer s'il ne la lui rendait pas.

« Quand les gens de la communauté ont entendu parler de la querelle, ils sont allés voir un des aînés. » La juge s'est arrêtée un instant. « Savez-vous ce qu'est un aîné ? » a-t-elle demandé.

Robert a levé la main avant la fin de la question.

« Dans les communautés autochtones, un aîné est une personne qui a beaucoup de connaissances des croyances et des pratiques traditionnelles. »

« C'est tout à fait ça. » La juge a souri. « Un aîné aide souvent à régler les problèmes qui surviennent dans les communautés autochtones. Un aîné a des connaissances traditionnelles qui sont partagées par ses enseignements et ses contes.

Le cercle de guérison a souvent lieu dans une cabane à suer.

« Quand l'Aîné a entendu l'histoire, il a appelé un groupe de gens à s'asseoir en cercle avec lui. Après avoir parlé pendant longtemps, ils ont joint les mains et ont prié ensemble en demandant à l'esprit des animaux de les aider à trouver une solution. Plus tard, ils ont demandé à Jo et André de venir les rejoindre et de présenter leur conflit. Les deux hommes ont raconté leur version des événements, et les gens du cercle ont prié à nouveau. Puis, il s'est passé quelque chose d'étrange. André est venu vers Jo et il lui a serré la main.

« "Je me rends compte que tu n'es pas responsable de la mort du chien, a-t-il dit. Je suis désolé d'avoir agi sous l'effet de la colère."

« Et puis Jo a parlé à son tour.

« "J'ai été vraiment heureux quand tu m'as offert cette tente. J'en avais besoin pour protéger ma famille et mes animaux du froid. Je vais t'aider en te donnant un autre chien pour remplacer celui qui vient de mourir."

« Tous les membres du cercle de guérison ont regardé les deux hommes et ils ont souri. »

Quand la juge a terminé son histoire, il y a eu un grand silence dans la classe. Catherine a parlé en premier.

« Je ne comprends pas pourquoi le cercle de guérison a marché, a-t-elle dit. Pourquoi Jo a-t-il accepté de donner un autre chien à André ? Personne dans le cercle de guérison ne l'a forcé à le faire. Il n'était pas responsable de la mort du premier chien et André avait menacé de le tuer. »

« Beaucoup de choses nous mettent en colère, et nous font faire et dire des choses qui blessent les autres, a dit la juge. On ne peut pas totalement expliquer le pouvoir du cercle de guérison. Mais souvent, quand nous écoutons

Un aîné dirige le cercle de guérison et aide les gens à parler des conflits dans leur communauté.

attentivement le point de vue d'un autre, nous comprenons les choses d'une manière différente et notre colère disparaît. Puis, nous sommes capables de dire que nous sommes désolés ou de faire quelque chose pour que l'autre se sente mieux. »

M. Aziz voulait en profiter pour comparer cette histoire avec la situation de la classe.

« Ce que la juge a dit au sujet des communautés est aussi vrai à l'école et dans la classe, a-t-il dit. Nous sommes tous ensemble dans cette classe. On peut dire qu'on fait partie de la même communauté. Nous disons et faisons parfois des choses qui blessent quelqu'un et lui donnent l'impression d'être seul.

Mais, pour maintenir l'harmonie dans la communauté, nous devons chercher une manière de ramener tout le monde dans le cercle. Nous devons pouvoir dire que nous sommes désolés ou faire quelque chose pour montrer notre peine si nous sommes responsables du conflit. »

« Même si c'est très difficile, a dit Josée, nous devons tous trouver une manière d'être amis et de bien nous entendre les uns avec les autres. »

« Oui, a dit la juge. Je pense que c'est pour ça que Jo a offert un autre chien à André. Il savait qu'il n'était pas responsable de la mort du chien mais il voulait soigner la blessure et reconstruire l'harmonie dans la communauté. »

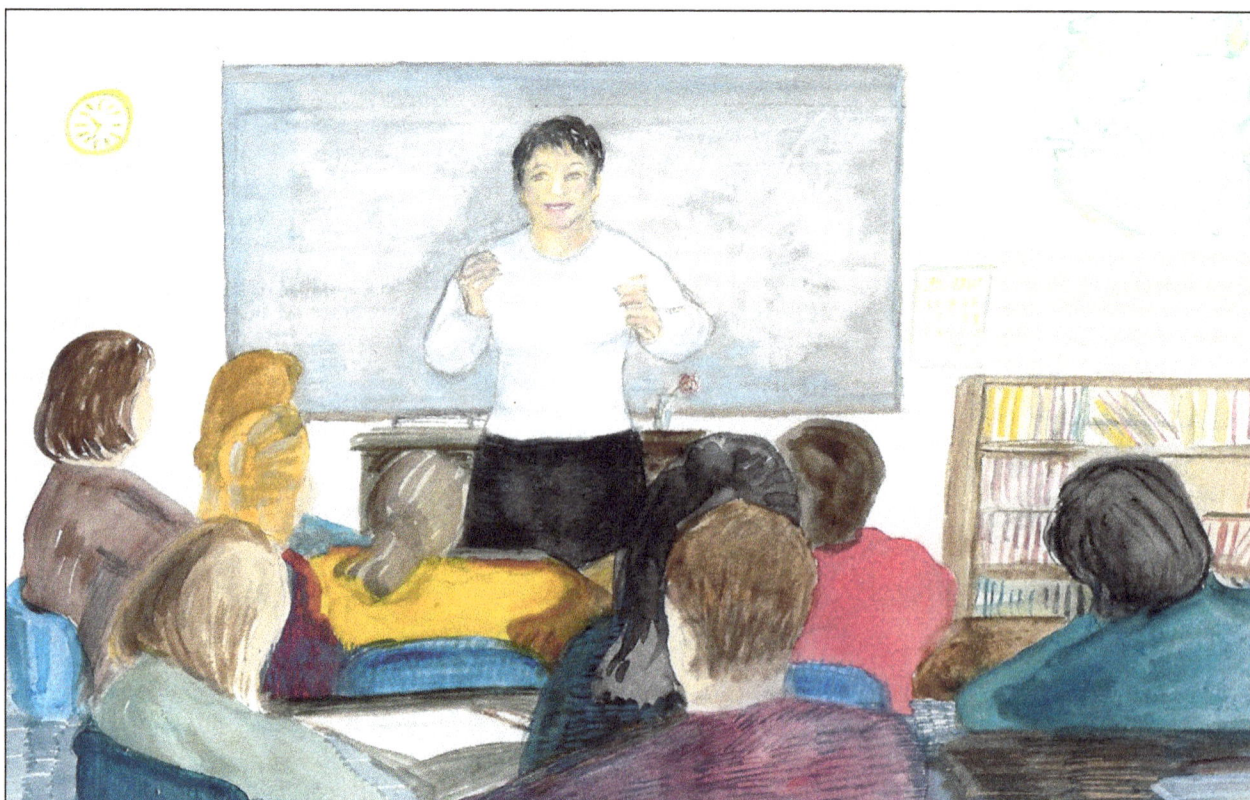

Toute la classe était silencieuse. Catherine a levé la main.

« Je comprends ce que Josée veut dire, a-t-elle dit. Parfois, c'est difficile de dire qu'on regrette…mais on devrait tous essayer. »

« Tu as raison, a dit la juge. Il est parfois difficile de dire qu'on regrette. Je pense aussi que l'histoire apprend qu'il est important d'écouter et de chercher une solution. Il est important de dire qu'on regrette mais ça ne suffit pas. Parfois, nous devons résoudre un problème en faisant quelque chose pour améliorer la situation. »

Il était presque l'heure de partir, alors M. Aziz a remercié la juge Marshall d'être venue parler à la classe. « Vous nous avez donné beaucoup de matière à réflexion et à discussion », a-t-il ajouté.

La cloche a sonné pour la récréation. Pendant que les élèves se sont préparés à sortir, M. Aziz a regardé les filles du coin de l'œil. Elles avaient l'air de se réunir dans le fond de la classe. Il est sorti rapidement pour les laisser seules.

Le lendemain, il a de nouveau entendu quelqu'un frapper doucement à la porte. C'était encore Josée.

« Entre Josée, a dit M. Aziz. Comment ça va ce matin ? »

« Beaucoup mieux, a répondu Josée. C'est pour ça que je suis venue vous voir. Hier, pendant la récréation, les filles sont restées dans la classe. Nous avons aidé Michèle et Catherine à parler de leurs sentiments. On dirait que ça a marché. Elles ont dit qu'elles étaient désolées et Michèle viendra au club samedi. Je ne suis pas certaine de comprendre pourquoi le cercle de guérison fonctionne, mais je sais que tout le monde se sent mieux maintenant. » ❖

Les cercles de guérison et d'autres cérémonies ont souvent lieu dans les cabanes à suer, mais ils se tiennent parfois aussi dans des endroits non traditionnels. Les branches sont attachées ensemble pour construire une ossature comme celle de la photo ci-dessus. L'ossature est recouverte de peaux d'animaux. Des pierres réchauffées sont placées au centre pour faire chauffer l'intérieur et, de temps en temps, quelqu'un verse de l'eau dessus pour créer de la vapeur.

Discussion

❑ Lors de la cérémonie du cercle de guérison, les gens se réunissent pour partager leurs opinions et trouver des solutions. Le but d'un cercle de guérison c'est de maintenir l'harmonie. Avec tes camarades, discute du rapport entre le cercle de guérison et la paix.

Allons plus loin

❑ En groupes de six, essayez de découvrir les avantages à communiquer en cercle. Essayez d'envoyer des messages, de parler à quelqu'un d'abord en lui tournant le dos et puis, formez un cercle pour une discussion de groupe.

Réflexion

❑ Pourquoi est-ce que ce rassemblement s'appelle un cercle de guérison ? À ton avis, que symbolise le cercle ?

Activité créatrice

❑ Fabrique une sculpture ou de l'art en trois dimensions pour expliquer ce que représente le cercle de guérison pour toi.

Nous ne sommes qu'un en Dieu

En bref Les élèves de la classe de M. Aziz découvrent certaines croyances et pratiques baha'ies.

« Aujourd'hui, dans notre classe d'enseignement religieux, je veux parler de la foi **baha'ie**, a commencé M. Aziz. Est-ce que quelqu'un a entendu parler de cette religion ? »

Samantha a levé la main. « Oui, moi, a-t-elle dit. Ma tante qui habite à St. John's est membre de la religion baha'ie. Quand nous allons la visiter, je vais parfois prier avec elle. Il y a beaucoup d'enfants de notre âge qui sont baha'is. »

« C'est intéressant, Samantha, a continué M. Aziz. Le mois dernier, quand j'étais à St. John's, j'ai parlé avec des membres de la communauté baha'ie et je leur ai expliqué que notre classe étudiait différentes religions cette année. Je leur ai demandé si quelqu'un voulait bien venir nous en parler.

« La semaine dernière, quelqu'un m'a téléphoné pour me dire que Mme Dumont viendrait visiter sa famille à Corner Brook cette semaine et qu'elle vous parlerait du baha'isme. Je vous présente Mme Dumont. »

M. Aziz a présenté Mme Dumont puis il s'est assis pour l'écouter. Une petite

❖ ❖ ❖

Baha'ie
(Ba i)

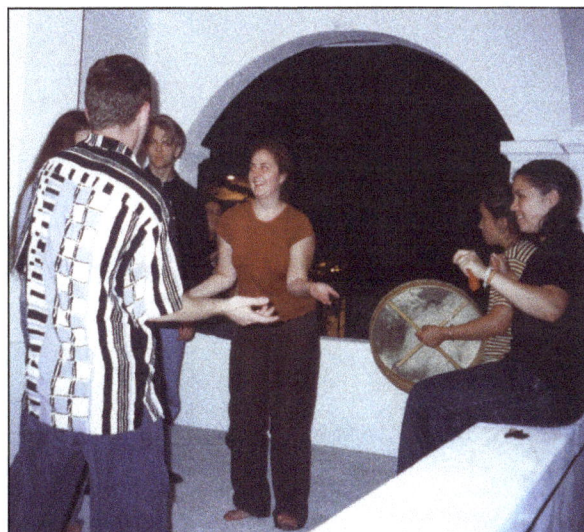

Des jeunes baha'is font une pause pendant une rencontre.

femme avec des cheveux bruns s'est levée près de M. Aziz. « Merci de votre accueil. Je vais commencer par les origines du baha'isme. Le prophète et fondateur de la religion baha'ie s'appelait **Baha'u'llah**, un nom qui veut dire la gloire de Dieu. Même si elle a commencé en Iran, c'est une religion qui est acceptée partout maintenant.

« Baha'u'llah avait des opinions très fortes et on l'a mis en prison à cause de ses croyances. Il a vécu il y a plus de cent cinquante ans. Il croyait que les gens doivent vivre dans la paix et l'harmonie. Baha'u'llah voulait que tout le monde se rassemble et qu'ils ne soient pas ennemis. »

❖ ❖ ❖

Baha'u'llah
(Ba a ou la)

Le Temple du Lotus à New Delhi est un des principaux lieux de culte du baha'isme.

Robert a levé la main. « Alors le baha'isme est une religion récente, a-t-il dit. Je veux dire, comparé à d'autres religions dont nous avons parlé. »

« C'est vrai, a répondu Mme Dumont. Mais il y a des adeptes du baha'isme partout dans le monde. Ils sont connus parce qu'ils font beaucoup pour promouvoir la paix parmi les gens.

« Un enseignement fondamental de Baha'u'llah est que tous les êtres humains ne forment qu'un. Nous appartenons tous à la même famille. Il a dit : "Nous sommes tous les feuilles d'un arbre et les fruits d'une branche." Ce qu'il veut dire, c'est que la famille humaine est comme un arbre ; les nations forment les différents membres ou branches de l'arbre et les êtres humains sont les fruits et les fleurs.

« Certaines idées très importantes exprimées ici peuvent affecter la manière dont les gens se comportent envers les autres », a poursuivi Mme Dumont.

« J'aime l'idée que tous les gens sont les fleurs et les fruits du même arbre », a dit Josée.

« Moi aussi, a dit Gérard. J'ai l'impression que ça me rapproche des autres, où qu'ils habitent. Ça me rappelle la discussion que nous avons eue plus tôt cette année au sujet de la paix. Te souviens-tu quand nous avons parlé de construire des communautés de compassion ? Si nous faisons tous partie du même arbre, alors le monde entier est notre communauté. »

« Oui, a dit Robert. Cela me fait penser que nous devrions tous nous sentir concernés par ce qui arrive aux gens partout dans le monde. »

« Ce sont d'excellentes idées, tout le monde ! a dit M. Aziz. Ces idées-là peuvent vraiment changer notre manière de vivre notre vie de tous les jours. »

Mme Dumont a pris la parole à nouveau. « Maintenant, je voudrais vous lire une prière baha'ie. Écoutez : "Dieu, guide-moi, fais de moi une lumière étincelante et une étoile brillante. C'est toi le tout-puissant." »

« D'après vous, que veut dire cette prière ? » a demandé Mme Dumont, qui attendait les réponses de la classe.

« Nous avons entendu parler de beaucoup de symboles religieux, y compris la lumière, a dit Michèle. Je pense que vivre comme une lumière ou une étoile brillante c'est mener une vie d'espoir et de bonté. »

« Je me souviens d'avoir appris des choses au sujet d'un festival hindou de la lumière appelé Diwali, dans la classe d'enseignement religieux l'année dernière, a dit Josée. Pendant la célébration, on allume des lampes à huile. La lumière représente le bien et le savoir qui effacent le mal et l'ignorance. »

« Et on a aussi appris que la bougie pascale est un symbole chrétien de la lumière du Christ, n'est-ce pas ? a demandé Robert. La lumière symbolise l'espoir, la joie et le salut. »

« Toutes ces idées sont importantes, a dit Mme Dumont. Les baha'is croient qu'en remplissant la vie d'espoir, de joie, de savoir et de bonté, cela nous aidera à mieux vivre. Ainsi, nous pourrons améliorer le monde qui nous entoure. La prière baha'ie demande à Dieu d'aider les gens à y arriver. »

« Ce serait merveilleux si nous essayions tous de vivre notre vie comme des lumières étincelantes et des étoiles brillantes, a dit M. Aziz. Ce n'est pas facile à accomplir mais il faut essayer d'y parvenir chaque jour. » ❖

Le sanctuaire du Bab au centre mondial du baha'isme, à Haïfa en Israël. Le Bab était le précurseur de Baha'u'llah.

Le corps de Baha'u'llah repose au sanctuaire de Baha'u'llah en Israël et c'est l'endroit le plus sacré pour les Baha'is. Quand ils prient, ils font face à la direction de ce sanctuaire.

Discussion

❑ Selon les enseignements de Baha'u'llah, tous les êtres humains du monde entier sont membres de la même famille. Avec tes camarades, parle de ce que ça veut dire pour tous les gens d'appartenir à la même famille humaine.

❑ Comment pouvons-nous vivre notre vie comme des lampes allumées et des étoiles brillantes ?

Activité créatrice

❑ Fais un dessin pour expliquer la croyance baha'ie que « Nous sommes tous les feuilles d'un arbre et les fruits d'une branche. » Tu trouveras peut-être une idée pour ton dessin en relisant cette histoire.

Les merveilles de la création

En bref Robert découvre le respect pour les créatures de Dieu et l'intendance.

« Je dois m'absenter samedi. Veux-tu venir avec moi ? » a demandé M. Kerfont en allant chercher Robert à la sortie de l'école le jeudi avant Pâques.

« Bien sûr », a répondu Robert sans hésiter.

« Je m'en doutais bien, a dit son père en souriant. En fait, j'ai choisi de partir samedi car je pensais que ça t'intéresserait. »

M. Kerfont est un scientifique dans le domaine de la faune et la flore. Il doit donc souvent faire des déplacements pour des projets.

Robert savait que son père adorait son travail mais il lui a quand même demandé : « Ça ne te dérange pas de travailler le samedi ? »

« Ce n'est pas vraiment du travail pour moi, a répondu M. Kerfont. Cet emploi me plaît bien. C'est comme ça que je veux vivre. Je peux utiliser ma formation de scientifique. Et, en tant que chrétien, je veux être un bon intendant et prendre soin de ce que Dieu a créé. Cet emploi me permet de le faire. »

C'était vrai. Robert avait déjà remarqué que son père établissait souvent des rapports entre son emploi de scientifique et ses croyances chrétiennes.

« Où allons-nous ? » a demandé Robert.

« Je dois examiner une baleine qui s'est échouée sur la plage dans la péninsule de Port au Port », a expliqué M. Kerfont.

« Super ! » a dit Robert.

« Elle était sous la glace depuis un certain temps. Je veux savoir comment elle est morte. Ça se peut qu'elle soit morte de vieillesse, ou qu'elle ait été empoisonnée à cause de la pollution ; ou peut-être qu'elle a été piégée sous la glace et s'est noyée. »

« Est-ce que nous pourrons nous approcher ? » a demandé Robert tout excité.

« Pas de problème. Mais tu voudras peut-être garder tes distances quand nous y serons », a répondu M. Kerfont en souriant.

« Penses-tu que nous verrons des baleines vivantes ? » a demandé Robert.

« Peut-être que oui. On m'a dit qu'on a déjà vu des baleines à bosse dans cette région. Et puis, nous rendrons visite aux Chaisson. Tu seras content de revoir ton ami Bernard, n'est-ce pas ? »

Les Chaisson étaient amis avec les Kerfont depuis très longtemps. Ils vivaient à La Grand'Terre.

Samedi matin, le temps était clair et ensoleillé. Robert et son père sont partis en camionnette. Ils sont allés à Stephenville puis se sont dirigés vers la péninsule de Port au Port. Tout le long du chemin, Robert pensait à la baleine, et essayait d'imaginer ce qu'il allait voir.

« Est-elle très grosse ? a-t-il demandé à son père. À ton avis, quelle longueur fait-elle ? »

« Les Chaisson pensent que c'est une baleine bleue, a répondu son père. S'ils ont raison, elle sera gigantesque. Ça peut être très difficile de voir un animal mort, surtout s'il est très gros. »

Tout à coup, M. Kerfont s'est garé sur le côté.

« As-tu vu ça ? a-t-il demandé. Il y a deux baleines à bosse par là-bas. »

Robert a balayé l'eau du regard. Puis il a vu apparaître à la surface la queue de deux baleines au moment où elles plongeaient.

« C'est incroyable ! » a-t-il dit.

Les queues étaient énormes et Robert pensait qu'il n'avait jamais vu d'animaux aussi gros.

Elles se déplaçaient en douceur et sans effort dans l'eau. Robert trouvait que les baleines étaient gracieuses et majestueuses. Il essayait d'imaginer comment ça serait de vivre sous l'eau et il était émerveillé de les regarder disparaître sous les vagues.

« Nous avons beaucoup de chance de les voir », a dit son père en repartant. Et Robert s'est senti très chanceux de vivre dans un monde où il y a des créatures si merveilleuses.

« Nous y voilà », a dit le père de Robert, alors qu'ils approchaient de La Grand'Terre. Il s'est arrêté sur le côté de la route. « La baleine devrait être quelque part par là. »

« Est-ce que c'est ça ? » a fait remarquer Robert en pointant le doigt en direction d'un côté de la plage.

« On dirait que oui, a dit M. Kerfont. Descendons et allons voir. »

Il y avait un petit vent frais mais tout était calme. La lumière réfléchissait la grande étendue de glace qui avait dérivé du golfe du Saint-Laurent. Au loin, on distinguait très clairement l'Île Rouge avec le ciel bleu derrière. Ils sont descendus sur la plage de cailloux. Près du rivage, la banquise se brisait et les vagues déferlaient sur les rochers.

Robert s'est très vite rendu compte pourquoi son père lui avait dit qu'il ne voudrait peut-être pas trop s'approcher de la baleine échouée. Il y avait une odeur très forte. M. Kerfont a expliqué que la baleine était probablement déjà morte depuis quelques temps avant que la marée ne la ramène sur la plage. Il fallait prendre des échantillons avant que la baleine ne se décompose davantage.

La baleine à bosse fréquente les eaux de Terre-Neuve-et-Labrador.

La révérence
Un sentiment de profond respect

Robert est resté aux côtés de son père. Il avait un étrange sentiment de **révérence** en se rapprochant de l'animal mort.

« Elle est gigantesque », a chuchoté Robert. Il pensait qu'il devait parler doucement en regardant le corps de cet animal magnifique. « Elle est presque aussi longue que notre maison. »

« Oui, elle est très grosse ! s'est exclamé son père. C'est une baleine bleue, c'est certain. Savais-tu que la baleine bleue, à l'âge adulte, est le plus gros animal qui existe sur terre, plus gros que toutes les espèces de dinosaures ? »

Puis M. Kerfont a commencé à prendre des échantillons de la baleine, cherchant des indices qui permettraient de savoir ce qui lui était arrivé. Robert a regardé en silence pendant un moment. Puis, il a aperçu M. Chaisson et Bernard qui venaient vers eux.

« Salut ! Alors que pensez-vous de notre baleine ? » a demandé Bernard.

« Elle est énorme, a répondu Robert. Que va-t-elle devenir, M. Chaisson ? »

« Quand ton père et les autres chercheurs auront fini de travailler sur la baleine, j'appellerai la garde côtière pour qu'ils la remorquent en mer. Ils l'enterreront correctement. Ce serait lui manquer de respect de la laisser ici. »

M. Chaisson a parlé avec le père de Robert pendant un moment. En partant, il leur a dit : « Venez chez nous quand vous aurez fini. J'ai fait de la soupe. »

Quand le soleil a commencé à se coucher, M. Kerfont et les garçons se sont dirigés vers la maison des Chaisson, une maison à deux étages qui donnait sur le golfe du Saint-Laurent gelé. Ils avaient froid et l'odeur de la soupe chaude les réconfortait déjà. Robert et son père sont allés changer leurs vêtements. Robert a été le premier à rejoindre les autres qui étaient installés autour de la table de la cuisine.

« Alors Claude, qu'en penses-tu ? a demandé M. Chaisson quand le père de Robert est entré dans la cuisine. Est-ce que la pauvre bête a été piégée sous la glace ou quoi ? »

« Je ne sais pas encore », a répondu M. Kerfont.

« Eh bien, je suis content de voir qu'il y a des scientifiques comme toi qui travaillent à la protection des baleines », a dit M. Chaisson en versant une tasse de thé pour M. Kerfont. « C'est affreux de penser qu'à une époque, à force d'être chassées, les baleines avaient presque disparu. »

« Ça n'est certainement pas de la bonne intendance », a dit M. Kerfont.

« C'est quoi la bonne intendance ? » a demandé Miranda, la sœur de Bernard.

« Prendre soin de la planète et des créatures qui y vivent », a dit Robert.

« Très bien, a dit Mme Chaisson. Certaines personnes diraient que Dieu nous a donné la responsabilité de prendre soin de l'environnement. Ça veut dire beaucoup de choses. Nous devons utiliser les ressources de la planète pour nos besoins mais nous ne devons pas en prendre trop, par exemple. »

« Je suis d'accord. Dans le genre de travail que je fais, je vois comment les gens essaient de protéger l'environnement et les différentes espèces qui y vivent. Par exemple, au lieu de chasser les baleines, maintenant les gens apprennent à les connaître », a dit M. Kerfont.

« Les touristes viennent de partout à Terre-Neuve-et-Labrador pour voir les baleines, a dit Miranda. J'adore m'asseoir ici et les regarder. On voit souvent des baleines à bosse sauter. Un jour, je vais étudier la biologie marine à l'université. »

« Tu seras une bonne intendante quand tu auras étudié la biologie marine, a dit son père. Et tes connaissances aideront les autres à être de bons intendants aussi. »

« Nous avons vu deux baleines à bosse au large en venant ici, a dit Robert tout excité. Ça fait vraiment penser aux merveilles de la création quand on voit quelque chose d'aussi gros. »

« Quand on lit dans la Bible que Dieu a créé des grands monstres marins, ça doit être cette sorte de monstre dont on parlait », a dit Mme Chaisson.

La réflexion de Mme Chaisson a rappelé à Robert l'histoire biblique de Jonas et la baleine. « La baleine que nous avons vue aujourd'hui, est-ce la même sorte de créature marine que celle qui a avalé Jonas ? » a demandé Robert.

Pourquoi dit-on que les baleines sont une merveille de la nature ?

« Je ne pense pas, a répondu son père. Même si elles sont énormes, elles vivent surtout en mangeant des petites créatures marines. Et si je me souviens bien, l'histoire dans le livre de Jonas parle d'un gros poisson, pas d'une baleine. Mais, je crois que la plupart des gens pensent que c'était une baleine. »

« Laissez-moi vous lire les passages au sujet de Jonas dans l'Ancien et le Nouveau Testament, a dit M. Chaisson en prenant sa Bible. Il a lu : « L'Ancien Testament dit que "Le Seigneur a envoyé un gros poisson pour avaler Jonas et Jonas passa trois jours et trois nuits dans le ventre du poisson." Dans le Nouveau Testament, on lit : "Tout comme Jonas qui passa trois jours et trois nuits dans le ventre du poisson, le Fils de l'Homme sera sous la terre." »

« Ça veut dire quoi ? a demandé Miranda. Pourquoi est-ce que c'est important que Jonas a passé trois jours dans le ventre du poisson ? »

M. Chaisson avait une réponse. « Comme beaucoup d'autres histoires dans l'Ancien Testament, l'histoire de Jonas est considérée par de nombreux chrétiens comme une **prophétie**, une prédiction des événements de la vie du Christ. Jonas a passé trois jours dans le ventre du poisson. Le Christ a passé trois jours dans la tombe quand les Romains l'ont tué. »

« Comme Jonas, qui est sorti du poisson le troisième jour, a poursuivi Mme Chaisson, les chrétiens croient que le Christ est ressuscité d'entre les morts. Cette histoire a un rapport avec Pâques, la fête chrétienne pour célébrer la résurrection de Jésus. »

Pendant que Mme Chaisson parlait, M. Chaisson s'est levé et a commencé à servir la soupe chaude. « Continuons la discussion en mangeant le souper », a-t-il suggéré. ❖

Une prophétie

Une prophétie, c'est un message apporté par un prophète, quelqu'un qui parle pour Dieu.

Écriture sainte
Ancien Testament

*D*ieu créa les grands monstres marins et toutes les espèces d'animaux qui se faufilent et grouillent dans l'eau, de même que toutes les espèces d'oiseaux. Et il constata que c'était une bonne chose.

Genèse 1. 21

Un panorama de la péninsule de Port au Port

Discussion

❑ Avec tes camarades, discute des différentes manières dont les gens dans cette histoire se montrent de bons intendants. De quelle façon leurs croyances religieuses les motivent-elles à être de bons intendants ?

Réflexion

❑ Pense aux choses que tu fais pour montrer que tu prends soin des animaux et des autres créatures vivantes dans l'environnement. Quelles autres choses pourrais-tu faire pour améliorer ton rôle d'intendant ?

Activité créatrice

❑ Robert est émerveillé par les baleines et les considère comme une merveille de la création. Pense à une chose que tu considères comme une merveille de la création. Fais-en une représentation artistique : un dessin, une peinture, un poème ou un paragraphe.

Le message de Pâques

En bref   Robert lit l'histoire de Jonas et y découvre le repentir, le pardon et la joie de Pâques.

La semaine sainte

La semaine sainte précède le dimanche de Pâques. Pendant cette semaine-là, beaucoup d'églises organisent des célébrations. Le Jeudi saint, on célèbre le dernier repas du Christ avec ses disciples. Le Vendredi saint, les chrétiens se souviennent de la crucifixion de Jésus. Le dimanche de Pâques, on célèbre sa résurrection.

Le matin de Pâques, 2001, He Qi

Pendant le repas du soir, ils ont continué à parler de Jonas et de ses liens avec Pâques.

« Une année, le groupe de jeunes de notre église a donné une présentation au sujet de Jonas et la baleine pendant **la semaine sainte**. T'en souviens-tu Miranda ? » a demandé Mme Chaisson.

« Comment est-ce que j'aurais pu oublier ? a répondu Miranda en riant. Quand le garçon qui avait le rôle de Jonas faisait semblant d'être dans le ventre de la baleine, il a crié : "Oh ! mon Dieu, j'ai un peu peur. Non, mon Dieu, disons que j'ai très peur. Croyez-vous que votre serviteur Jonas pourrait être sauvé ?" »

« Je connais un autre message de l'histoire de Jonas, a ajouté Bernard. Quand le monstre des mers a recraché Jonas sur une plage près de la ville de Ninive, Jonas a dit aux gens que s'ils arrêtaient de faire le mal et demandaient pardon, Dieu leur pardonnerait. »

« Alors que pensez-vous que les chrétiens peuvent apprendre de cette histoire ? » a demandé Mme Chaisson aux enfants.

Bernard a regardé Robert et son père qui étaient de l'autre côté de la table. Ils avaient l'air intéressé par la discussion.

« Je pense que les chrétiens peuvent apprendre que Dieu pardonne à ceux qui demandent son pardon. Je crois qu'on dit "se repentir" », a dit Bernard.

« Oui, a dit son père. Et pendant **le carême**, les chrétiens se repentissent et se préparent à célébrer le message de Pâques : celui du pardon et de l'espoir. »

Robert était assis tranquillement. « Est-ce que ça n'est pas une période triste pour les chrétiens ? a-t-il demandé. Je veux dire, avec la mort de Jésus et tout ça ? »

Miranda a répondu très rapidement. « Oui, mais à cause de la mort de Jésus et sa résurrection, les chrétiens croient que la mort n'est pas la fin. Ils croient en la promesse de la vie éternelle. Et demain c'est Pâques. J'ai tellement hâte ! J'adore Pâques. »

« Moi aussi, a dit M. Kerfont. Le message de Pâques est formidable. Malgré tout ce que nous pouvons faire, malgré ce qui nous est arrivé, Dieu a quelque chose de nouveau et de beau pour nous. »

« Cette idée me plaît, a dit Miranda. Elle me rappelle le printemps, quand les bourgeons commencent à sortir et les fleurs s'ouvrent. Tout est si frais et vert. »

« Je pense que beaucoup de gens voient le printemps comme ça aussi. C'est

Le carême

Pendant les quarante jours avant Pâques, beaucoup de chrétiens se préparent à célébrer Pâques. Cette période s'appelle le carême.

Il est ressuscité, 1998, He Qi

Dans ce tableau et dans celui du matin de Pâques à la page 146, il y a plusieurs symboles. Que sont-ils ? Explique ce qu'ils veulent dire pour les chrétiens.

une période de renouvellement, a dit M. Kerfont. Le renouvellement fait aussi partie du message de Pâques. Les chrétiens croient qu'après s'être repentis et après avoir reçu l'absolution, nous sommes renouvelés et nous nous sentons heureux et pleins d'espoir. »

« En parlant de ça, pourquoi ne pas rester avec nous pour célébrer Pâques ? a demandé Mme Chaisson. Miranda et Bernard vont jouer dans une saynète au sujet du message de Pâques et ensuite nous assisterons à une cérémonie spéciale. »

« Oui, a ajouté M. Chaisson, on ne vous voit pas assez souvent. Et la fête de Pâques serait encore plus joyeuse. Je pense qu'à Pâques, les chrétiens devraient se réjouir ensemble et célébrer la nouvelle vie que nous partageons dans le Christ. »

➡️ **Pourquoi est-ce que le printemps est une période d'espoir ?**

« Ce serait formidable, a dit M. Kerfont. Mais je dois lire à l'église demain pour la cérémonie de Pâques. La révérende Martin compte sur nous. Ce sera pour une autre fois. »

Robert avait l'air déçu.

« Nous reviendrons, a dit son père. Je te le promets. »

Robert et son père ont fini de manger avec les Chaisson. Après le repas, Robert a aidé Miranda et Bernard à laver la vaisselle. Plus tard, les Kerfont ont dit au revoir et sont partis chez eux. « Peut-être qu'on pourrait fêter Pâques avec les Chaisson l'année prochaine, a dit Robert. J'aimerais voir comment ils célèbrent Pâques dans leur église. »

« C'est une bonne idée », a répondu son père. ❖

➡️ **Pourquoi l'œuf symbolise-t-il Pâques ?**

Allon plus loin

❑ Dans beaucoup de religions, il y a une période où les gens demandent pardon à Dieu, ou ils ont besoin de renouveller leurs relations avec Dieu. Pense à la tradition juive de Rosh Hashana, à la pratique musulmane du Ramadan et au carême pour les chrétiens. Relis les renseignements concernant Rosh Hashana à la page 16 et le Ramadan à la page 51. Discute des raisons pour lesquelles les adeptes de ces religions trouvent que ces périodes sont importantes.

Activité créatrice

❑ Crée une chanson, un poème ou une peinture qui reflète tes idées sur les thèmes du renouvellement, de l'espoir et du pardon.

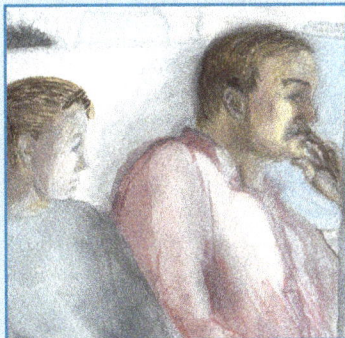

Retour en arrière

Dans cette partie, les personnages présentent des ressources variées qui les guident dans leur voyage à travers la vie. On y trouve la Bible, une communauté de personnes qui s'occupent des autres, les enseignements de Jésus, l'amour de Dieu et des leaders qui inspirent les autres. Lis chacune de ces phrases ci-dessous. Identifie le guide mentionné dans chaque phrase. Explique comment le guide aide les gens sur le chemin de la vie.

- « Le Coran a été écrit seulement après la mort du Prophète. »

- « Quand la communauté fonctionne bien, c'est comme un cercle de confiance, avec des liens très forts, sans début ni fin. »

- « Les musulmans considèrent que Mahomet est un prophète ou le messager de Allah. »

- « Je veux que vous voyiez l'importance du rôle de la Bible dans la vie des chrétiens. »

- « Un enseignement fondamental de Baha'u'llah est que tous les êtres humains ne forment qu'un. »

- « Dans les communautés autochtones, un aîné est une personne qui connaît bien les croyances et les traditions. »

Croyances et traditions

Quatrième partie

Un Dieu qui s'occupe des autres

En bref   M. Aziz montre à ses élèves que les chrétiens et les musulmans voient que Dieu a de la compassion.

Quand les élèves sont entrés dans la classe de M. Aziz quelques jours plus tard, ils ont vu un diagramme au tableau.

« Qu'est-ce que c'est ? » a murmuré Michèle.

« Je ne sais pas, a dit Robert. On dirait une sorte de bateau. »

À ce moment-là, M. Aziz est entré dans la classe. « Bonjour, a-t-il dit. J'ai pensé que nous pourrions commencer notre discussion sur le fait que les gens voient avec cet exemple Dieu comme ayant de la compassion. Regardez ce que j'ai dessiné au tableau. » M. Aziz a montré le schéma.

« Est-ce que c'est un bateau ? » a demandé Michèle.

« Non, c'est une église. Voyez-vous des ressemblances entre les églises et les bateaux ? » a demandé M. Aziz.

« Parfois quand je suis dans une église, j'ai l'impression d'être dans un bateau », a répondu Josée.

« C'est parce que quand vous regardez le plafond de certaines églises, surtout les plus anciennes, vous voyez qu'il ressemble à l'intérieur d'un bateau.

❖ ❖ ❖

La cale

L'intérieur d'un navire, au-dessous du pont. C'est là où on met la cargaison.

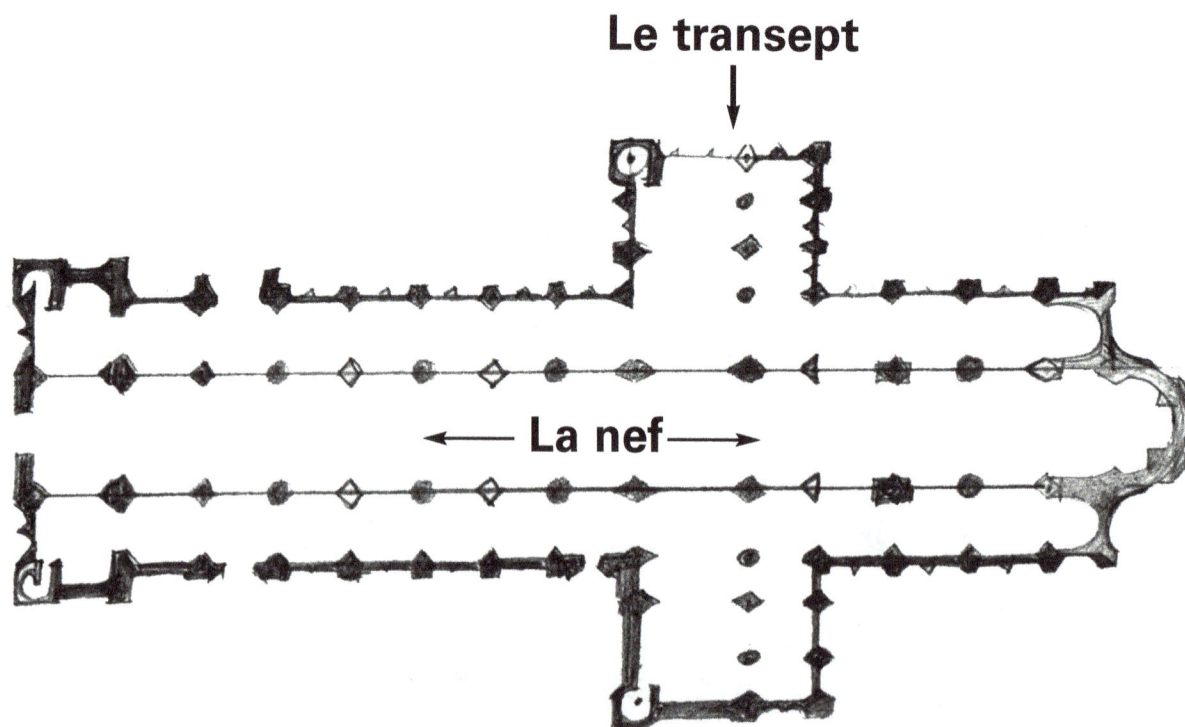

« Regardez ça maintenant. » Il a montré un autre diagramme. « Dans beaucoup d'églises chrétiennes, la partie principale s'appelle la nef. Ce mot vient d'un mot latin qui veut dire navire. La partie qui forme les bras d'une croix dans une église s'appelle le transept. Les poutres de bois dans le plafond de l'église donnent l'impression aux gens de voyager dans la **cale** d'un bateau.

« Les chrétiens voient aussi Dieu comme un guide, a fait remarquer M. Aziz. Est-ce que quelqu'un peut faire un lien entre ça et le fait de se trouver dans la cale d'un navire ? »

Le transept

La nef

Josée a levé la main. « Mon grand-père est pêcheur. Il m'a raconté qu'une fois, il a été pris dans une mauvaise tempête avec d'autres hommes sur leur bateau de pêche. Un câble s'était cassé et cela leur a empêché de diriger le bateau. Il a dit qu'ils avaient fait tout ce qu'ils pouvaient, mais tout le monde pensait qu'ils seraient fracassés sur les rochers. La plupart des pêcheurs ont passé la nuit à prier. Mon grand-père m'a dit qu'il n'y avait rien d'autre à faire. »

« Qu'est-ce qui s'est passé ? » a demandé Michèle.

« Le matin, leur appel au secours a été entendu et un autre bateau est venu les remorquer jusqu'au port. Mon grand-père m'a dit qu'il avait beaucoup prié dans la nuit. Il a répété deux passages du Nouveau Testament dans ses prières pour lui rappeler sa foi. Il les avait répétés si souvent que je les connais par cœur », a dit Josée. Et elle a récité les textes ci-dessous.

« Merci, Josée. Est-ce que quelqu'un peut me dire pourquoi l'ancre est un symbole d'espoir ? » a demandé M. Aziz.

« Eh bien, a dit Hameed, une ancre empêche un navire de dériver et de se perdre. Même s'il y a une tempête, une ancre peut maintenir un bateau en place. »

« Oui, en partie, a dit M. Aziz. Alors en quoi est-ce que c'est un symbole d'espoir ? »

« Elle vous garde en place pour que vous décidiez quoi faire et où aller. Je pense que pour des gens religieux, Dieu est comme une ancre », a ajouté Robert.

Écriture sainte
Nouveau Testament

*D*échargez-vous sur lui de tous vos soucis, car il prend soin de vous.

1 Pierre 5. 7

Écriture sainte
Nouveau Testament

*C*ette espérance est pour nous comme l'ancre de notre vie. Elle est sûre et solide…

Hébreux 6. 19

« Je visitais un cimetière une fois et j'ai vu l'image d'une ancre sur une pierre tombale, a dit Michèle. J'ai demandé à ma mère ce que ça voulait dire et elle m'a dit que ça symbolise la croyance que ceux qui sont morts sont maintenant sains et saufs. »

Hameed a levé la main. « Oui, Hameed ? » a dit M. Aziz.

« Je connais deux passages du Coran qui sont en rapport avec notre discussion. L'un d'eux explique comment Dieu peut réconforter ceux qui sont en détresse et qui souffrent. L'autre a un rapport avec la discussion sur les navires. Est-ce que je peux vous les lire ? » a demandé Hameed.

« Oui, je crois que ça pourrait aider », a dit M. Aziz. Hameed a lu les passages ci-dessous à la classe.

« Merci, Hameed. Maintenant est-ce que quelqu'un peut me dire ce que ça veut dire ? » a demandé M. Aziz à la classe.

Michèle a levé la main. « Je pense que ça veut dire que Dieu est comme un guide pour les bateaux. Dieu fait le vent qui remplit les voiles pour que les gens puissent arriver à leur destination en toute sécurité. »

« C'est intéressant. Est-ce que quelqu'un peut ajouter quelque chose à ce qu'a dit Michèle ? » a demandé M. Aziz.

Écriture sainte
Coran

*A*fin que [Allah] récompense par Sa grâce ceux qui croient et accomplissent les bonnes œuvres. Parmi Ses signes, Il envoie les vents comme annonciateurs, pour vous faire goûter de Sa miséricorde et pour que le vaisseau vogue, par Son ordre, et que vous recherchiez de Sa grâce. Peut-être seriez-vous reconnaissants !

Sourate 30.45

Écriture sainte
Coran

N'est-ce pas Lui qui répond à l'angoissé quand il L'invoque, et qui enlève le mal, et qui vous fait succéder sur la terre, génération après génération : « Nul de ceux qui sont dans les cieux et sur la terre ne connaît l'Inconnaissable, à part Allah. »

Sourate 27.62, 65

« Oui, moi, a dit Robert. Les musulmans croient que les gens qui "accomplissent les bonnes œuvres" sont des gens qui vivent selon les cinq piliers de l'islam et qui essayent de vivre dans le bien. Le Coran leur sert de guide. »

« Je suis d'accord, a dit Hameed. Une de nos prières demande à Dieu de nous "guider dans le droit chemin". Nous prions cinq fois par jour : au lever du soleil, à midi, dans l'après-midi, au coucher du soleil et le soir. La prière s'appelle *salat*. Elle fait partie des cinq piliers de l'islam. Le Coran parle d'un Dieu de compassion et d'amour qui sert de guide. »

« Merci, Hameed. Je pense que le message montre que les musulmans croient que Dieu est miséricordieux et compatissant et qu'il montre la direction.

« Vous avez tous de bonnes idées. La Bible et le Coran parlent d'un Dieu qui s'occupe des autres et qui guide les chrétiens et les musulmans sur le chemin de la vie. Nous avons dit que les chrétiens et les musulmans croient en un Dieu qui s'occupe des autres, mais dans les autres religions, on croit aussi en un Dieu qui s'occupe des autres. ❖

Écriture sainte
Coran

Ô Vous qui avez cru ! qu' Il vous assigne une lumière à l'aide de laquelle vous marcherez, et qu'Il vous pardonne, car Allah est Pardonneur et Très Miséricordieux.

Sourate 57.28

➡️ **Image d'un tombeau avec une ancre. Que représente l'ancre ?**

Discussion

❑ Hameed parle de salat, un des cinq piliers de l'islam qui demande aux musulmans de prier tous les jours. Pense aux raisons pour lesquelles les gens prient. Relis la prière de la page 51. Comment est-ce qu'elle montre que les musulmans croient en un Dieu qui s'occupe des autres ? Parles-en avec tes camarades de classe.

Activité créatrice

❑ Pour certaines personnes, la foi est comme une ancre parce qu'elle leur donne de la sécurité. Trouve une façon originale de décrire quelque chose qui sert d'ancre dans ta vie. Qu'est-ce qui t'aide quand tu es boulversé ?

Allons plus loin

❑ Pour les croyants, la prière ou la lecture des écritures saintes est une source de réconfort. Interroge tes amis ou les membres de ta famille pour découvrir ce qui les réconforte. En quoi est-ce que ça les réconforte ? Partage tes découvertes avec la classe.

Un gobelet d'eau froide

En bref Robert découvre la manière dont certaines personnes réagissent à des problèmes concernant les droits de la personne.

« Qu'est-ce qui se passe devant nous ? » a demandé Robert. Il rentrait avec son père à Corner Brook. C'était un samedi matin de mai, après une randonnée.

Robert avait remarqué des feux clignotants et un véhicule stationné sur le bord de la route. En s'approchant, il a vu un panneau à l'arrière du véhicule.

« Tu arrives à lire le panneau ? Qu'est-ce qu'il dit ? » a demandé M. Kerfont en regardant droit devant lui.

« Quelque chose au sujet d'une marche pour l'eau à travers le Canada. C'est écrit : "Attention marcheur sur la route". Il y a autre chose sur la pancarte. Je ne peux pas le lire, a dit Robert. Je me demande de quoi il s'agit. »

« Beaucoup de gens sont passés par cette route pour montrer leur soutien à de bonnes causes, a dit M. Kerfont. Ils marchent, courent ou vont à bicyclette pour traverser d'un bout à l'autre le Canada. Ils sensibilisent le public au sujet d'une cause à laquelle ils croient. C'est aussi pour ramasser de l'argent pour des gens qui sont malades ou qui souffrent. »

« Je sais, a dit Robert, mais pour l'eau ? Pourquoi ? »

« Le voilà. C'est le marcheur », a dit M. Kerfont.

Tout en haut de la côte, Robert a aperçu une silhouette solitaire. « En passant, fais-lui signe pour l'encourager, a suggéré son père. Il ne lui reste plus que cinq kilomètres avant d'arriver à Corner Brook. »

« Il y a une autre voiture devant et il y a quelque chose dessus », a fait remarquer Robert. Il a essayé de lire ce qui était écrit sur le côté de la voiture. « C'est la même chose que ce qui est écrit sur le premier véhicule que nous avons vu mais il y a une référence à la Bible en plus. Je crois que ça dit "Matthieu 10. 42". »

Puis, Robert et son père n'ont plus pensé au marcheur pendant un petit moment. Ils avaient faim et s'intéressaient plus à leur repas. Une fois arrivés chez eux, en attendant que le plat se réchauffe dans le four, M. Kerfont a décidé de vérifier la référence que Robert avait vue sur le véhicule.

« Voyons de quoi parle ce verset de la Bible », a dit M. Kerfont. Il l'a trouvé dans le Nouveau Testament. « Écoute ce qu'il dit :

Écriture sainte
Nouveau Testament

« ...*J*e vous le déclare, c'est la vérité : celui qui donne même un simple verre d'eau fraîche à l'un de ces petits parmi mes disciples parce qu'il est mon disciple recevra sa récompense. »

Matthieu 10. 42

« Voilà les paroles de Jésus à ses disciples. Il doit y avoir un rapport entre ce que fait le marcheur et les enseignements de Jésus », a remarqué M. Kerfont en prenant le journal.

« Il y avait quelque chose au sujet de l'eau sur cette pancarte », a dit Robert.

« Eh, regarde un peu. C'est notre marcheur ! s'est-il exclamé. Sur la première page du journal. Et penses-tu, il parlera dans notre église ce soir. »

« Est-ce qu'on explique pourquoi il marche ? » a demandé Robert.

« Il veut ramasser de l'argent pour construire des puits avec des pompes afin que les pauvres dans des villages de Haïti boivent une bonne eau potable. Il croit que tous les gens ont le droit d'avoir de l'eau propre. »

« Oh oui, Diane a dit quelque chose à ce sujet pendant notre dernière réunion du groupe de jeunes. Je l'avais oublié, a dit Robert. Peut-on y aller pour en savoir plus ? »

« Oui, bien sûr. Ça a l'air intéressant, a répondu son père. Veux-tu sortir l'atlas pendant que je vérifie le plat dans le four ? Essaie de trouver où est situé Haïti. »

Haïti et les Antilles

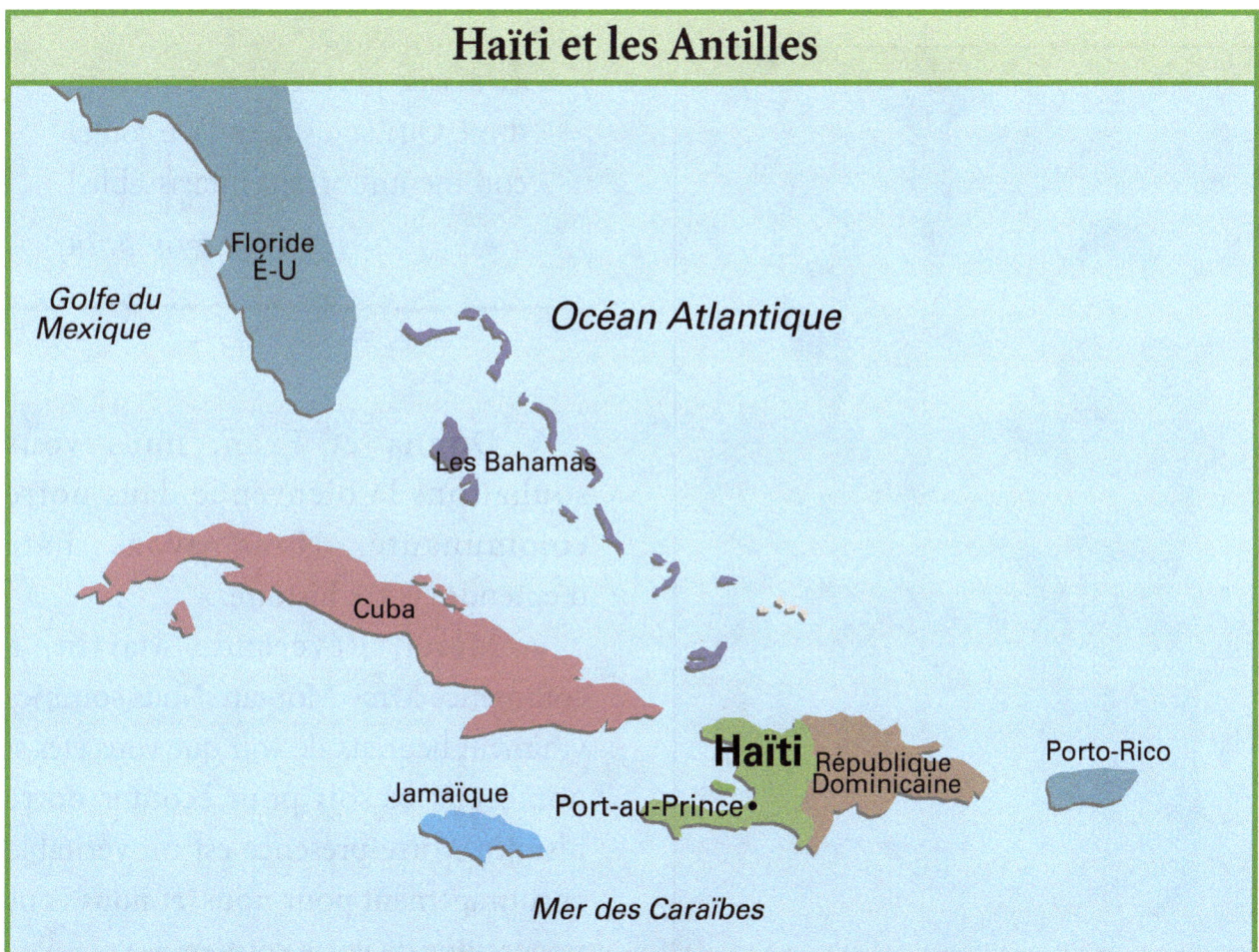

Floride É-U

Golfe du Mexique

Océan Atlantique

Les Bahamas

Cuba

Jamaïque

Haïti République Dominicaine

Port-au-Prince

Porto-Rico

Mer des Caraïbes

Quelques heures plus tard, Robert et son père se sont retrouvés dans le stationnement de l'église. Ils ont reconnu les véhicules qu'ils avaient vus plus tôt sur la route Transcanadienne. Des gens étaient rassemblés dans la salle paroissiale. M. Kerfont a remarqué qu'ils venaient des différentes églises de la ville.

Robert a regardé les photos qui étaient affichées et il a reconnu le marcheur qu'il avait vu sur la route. Il s'appelait Evan Morgan et, avec l'aide de sa femme Donna, il avait déjà parcouru 8000 kilomètres de Victoria en Colombie-Britannique, jusqu'à Corner Brook.

La révérende Martin a présenté le couple : « Evan et Donna nous montrent ce que ceux qui ont la foi peuvent accomplir. Grâce à leurs efforts, un des droits fondamentaux des êtres humains, l'eau potable, est à la disposition de gens qui ne l'avaient pas avant. Comme nous le savons, l'eau est souvent un symbole de justice et de droiture dans la Bible. Écoutez ce qui est écrit dans le livre de Amos :

Écriture sainte
Ancien Testament

*L*aissez plutôt libre cours au droit. Que la justice puisse couler comme un torrent intarissable !

Amos 5. 24

« Donna et Evan, nous vous souhaitons la bienvenue dans notre communauté. Nous avons hâte d'entendre votre histoire. »

« Merci, Révérende Martin, a commencé Mme Morgan. Nous sommes vraiment heureux de voir que vous êtes si nombreux ce soir pour écouter notre histoire. Votre présence est un véritable encouragement pour nous, et nous vous remercions de votre soutien. »

M. Morgan a expliqué les raisons pour lesquelles ils traversaient le Canada : « Donna et moi sommes chrétiens. Nous croyons que Dieu veut que nous aidions ceux qui sont pauvres et qui souffrent. Jésus nous l'a enseigné. Haïti est le pays le plus pauvre du monde occidental. Les habitants de Haïti ont besoin de beaucoup de choses mais nous avons pensé que leur plus grand besoin était l'eau potable.

« Sans eau potable, a-t-il dit, les pauvres de ces villages, et surtout les enfants, risquent de mourir de maladies causées par les eaux contaminées. »

« L'argent que nous ramassons aidera à procurer de l'eau propre aux gens des villages de Haïti, a continué Mme Morgan. En faisant ce travail, nous pensons que nous vivons notre foi et lorsque vous nous aidez, c'est la même chose pour vous. »

Les Morgan ont continué à partager leurs expériences. Après la présentation, la révérende Martin s'est levée pour les remercier.

En rentrant à la maison, Robert et son père ont parlé doucement.

« J'ai remarqué que tu as donné une partie de ton argent de poche aux Morgan », a dit M. Kerfont.

Projet de forage d'un puit d'eau potable à Haïti

« Seulement quelques dollars, a répondu Robert, mais j'espère que ça aidera. »

« Je suis certain que oui, a répondu son père. Je remercie les Morgan de nous avoir transmis le message au sujet des gens de Haïti et de nous suggérer un moyen de les aider. Et grâce à l'argent que tu leur as donné, tu as montré que tu veux contribuer à leur cause. »

« Nous avons parlé du baha'isme à l'école il y a quelques semaines. Ils croient que les humains font tous partie de la même famille. À mon avis, ça veut dire que nous devrions tous nous intéresser aux Haïtiens et les aider si nous pouvons. »

« Je crois que c'est ça l'idée, Robert. Dans beaucoup de religions, il est important de s'occuper des autres. J'admire les Morgan parce qu'ils font quelque chose pour aider les gens qui n'ont pas d'eau potable. Ils aident ceux qui sont dans le besoin selon la croyance que Jésus nous a enseigné de nous occuper des pauvres et de ceux qui souffrent partout dans le monde. » ❖

Beaucoup de groupes réalisent des projets comme cette construction à Haïti pour répondre à des besoins fondamentaux et pour améliorer la vie des gens.

Discussion

❑ M. et Mme Morgan traversaient le Canada pour ramasser de l'argent pour que les Haïtiens boivent de l'eau propre. Comment leur foi motive-t-elle leurs actions ?

Activité créatrice

❑ Relis l'écriture sainte de la page 162. Qu'est-ce que l'eau signifie pour toi ? Fais un dessin qui exprime l'importance de l'eau dans ta vie.

Réflexion

❑ M. et Mme Morgan essaient de faire quelque chose pour apporter la justice au monde en apportant de l'eau potable aux Haïtiens. Ils croient que c'est un droit fondamental. Dans ton journal de bord, décris quels sont les droits fondamentaux qui sont importants pour tous.

Partager la terre

En bref Robert et son père découvrent comment les animaux jouent un rôle important dans les croyances spirituelles des Innus.

Un matin, M. Kerfont a eu l'impression que Robert était différent. Il était particulièrement silencieux.

« Tout va bien Robert ? lui a demandé son père. Tu n'as pas l'air d'être toi-même aujourd'hui. »

« Ça va », a répondu Robert. Mais il baissait la tête et ne semblait pas vouloir regarder son père dans les yeux.

« Quelque chose ne va pas, je le sais, a persisté M. Kerfont. Dis-moi. »

« Eh bien, a répondu Robert avec hésitation. Je voulais inviter Gérard à venir dormir chez nous la fin de semaine prochaine et je t'ai entendu parler au téléphone. Tu vas t'en aller et je dois aller dormir chez les Martin. Ils sont gentils et

ça ne me dérange pas de rester avec eux mais parfois, c'est difficile de faire ce que je veux. »

« Je sais que j'ai été très souvent absent récemment », a répondu M. Kerfont en hochant la tête. « Dans cet emploi, il y a beaucoup de travail au printemps. Je vais souvent à la péninsule du nord pour vérifier le troupeau de caribous. Mais cette fois-ci, je vais au Labrador et rappelle-toi, je t'ai promis que tu viendrais avec moi. »

« Oui, j'avais oublié », a répondu Robert en levant la tête.

Son père a souri. « Je dois parler aux chefs innus au sujet du projet des carcajous. Nous prendrons l'avion pour Happy Valley-Goose Bay vendredi après-midi. Enfin, si tu es toujours d'accord pour venir. »

« Bien sûr », a dit Robert. Son enthousiasme était évident.

« Maintenant, écoute. Ces réunions seront un peu différentes cette fois-ci. On nous emmènera dans un camp de chasse pour rencontrer mes contacts innus. Nous devrons dormir dans des tentes. »

« Ça me va très bien », a répondu Robert.

« Et tes projets avec Gérard ? Penses-tu que ça pourra attendre un petit peu ? » a demandé M. Kerfont.

« Je suis sûr que Gérard et moi pourrons passer une autre fin de semaine ensemble », a répondu Robert.

Vendredi, Robert et son père ont pris l'avion pour le Labrador. C'était une journée claire. Ils apercevaient la pointe de la péninsule du nord de Terre-Neuve tout au-dessous d'eux et là, en face d'une étroite bande d'eau, il y avait une grande étendue. C'était le Labrador.

« Papa, parle-moi encore du projet des carcajous, a dit Robert. Je sais qu'il y a un rapport avec la spiritualité autochtone. »

« Oui, tu as raison, a répondu son père. Je travaille avec d'autres scientifiques et les autochtones du Labrador sur le projet de réintroduction des carcajous. Personne n'a vu de carcajous au Labrador depuis de nombreuses années. Nous étudions la possibilité de les réintroduire. Et une des raisons, c'est que les Innus le demandent. »

« Et pourquoi ? » a demandé Robert.

« Le carcajou est un animal important pour les Innus et les autres peuples autochtones du Nord puisqu'il est lié à leurs traditions spirituelles. Ils appellent

Les communautés innues au Labrador

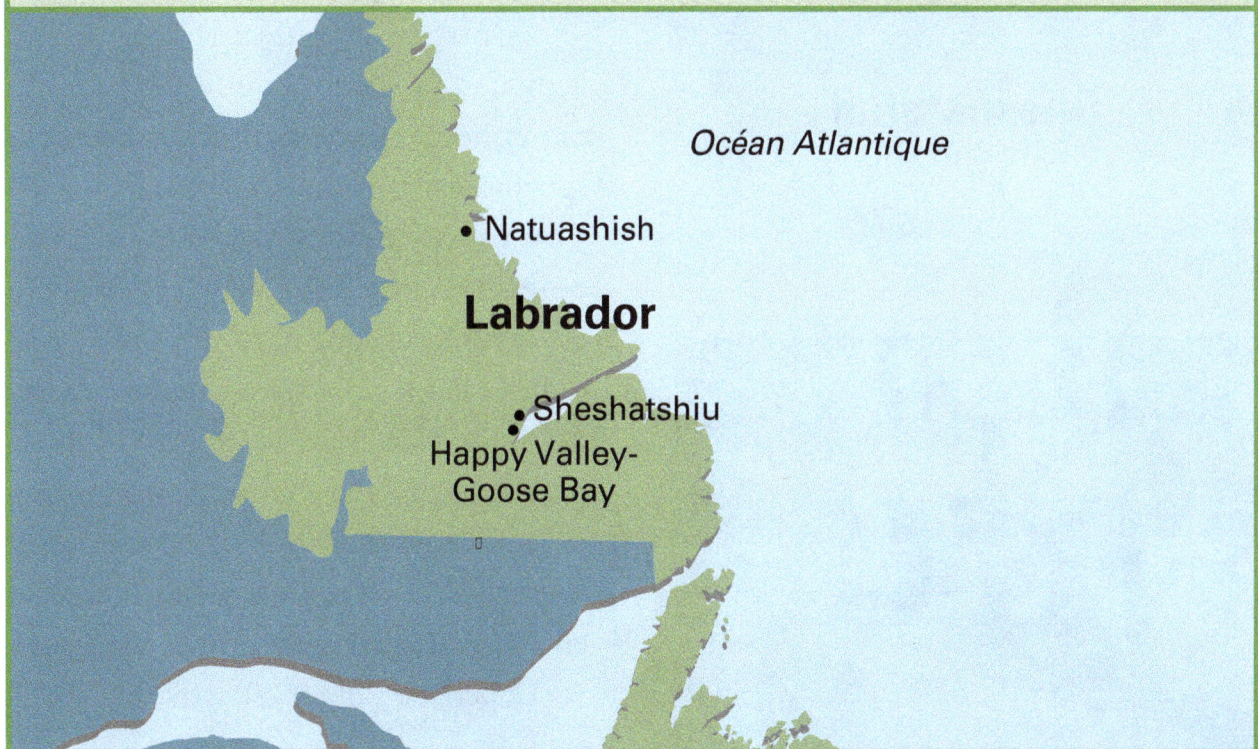

Océan Atlantique

• Natuashish

Labrador

•Sheshatshiu
Happy Valley-
Goose Bay

cet animal un **filou**. Les gens à qui nous rendrons visite pourront t'en parler beaucoup mieux que moi. Tout ce que je sais, c'est que les carcajous sont un peu mystérieux. Ils se montrent très rarement et ils sont très rusés. Ils peuvent même voler la nourriture des pièges sans se faire prendre. Ils sont féroces et de bons chasseurs. Ils ont un odorat très développé. Ils peuvent sentir l'odeur des souris cachées sous la neige. »

Quand l'avion a atterri, on a emmené Robert et son père dans le bureau du Conseil de bande innu de **Sheshatshiu** pour rencontrer les autres personnes qui iraient dans le camp de chasse pendant la fin de semaine. Sur le mur, il y avait une grande fresque, une superbe peinture. Robert l'a regardée longuement.

Un Innu, un des aînés est venu vers lui.

« Bonjour, je m'appelle Antoine, a-t-il dit. Tu viens à notre camp avec nous ? »

« Oui, a dit Robert. Je suis avec mon père. C'est un scientifique. »

« Je t'ai vu regarder notre fresque », a dit Antoine.

« Elle est superbe », a répondu Robert.

« Oui, cette fresque est là pour décorer le mur, mais elle a une autre fonction. Elle exprime certaines de nos croyances spirituelles. »

« Est-ce que c'est un carcajou ici au centre de la fresque ? » a demandé Robert.

« Oui, la fresque montre notre respect pour la faune et notre croyance qu'il y a des liens entre tout ce qu'il y a dans la nature. La présence du carcajou au milieu de la fresque montre à quel point il est important dans notre vie spirituelle. Tu en apprendras plus cette fin de semaine. »

Le père de Robert est arrivé.

❖ ❖ ❖

Un filou

Un filou est quelqu'un qui trompe souvent les gens ou leur joue des tours. Le filou est souvent représenté dans les histoires des autochtones sous forme d'animal. Ces histoires du filou servent à expliquer différents aspects de la vie spirituelle des autochtones, par exemple la création du monde. Les histoires sont souvent drôles et racontent les aventures d'un filou à qui il arrive des tas d'ennuis.

Sheshatshui
(che cha chi)

« Bonjour Antoine. Je vois que tu as fait la connaissance de mon fils. »

« Oui, c'est bien qu'il soit avec nous. »

Les gens se dirigeaient vers les véhicules pour partir vers le camp de chasse. Robert et son père les ont rejoints. Robert a regardé autour de lui. Il était content de voir qu'il y avait des jeunes de son âge de la communauté innue qui les accompagnaient dans l'expédition.

Ce soir-là, Robert s'est retrouvé dans un monde complètement différent. Il était assis sur des branches dans une tente innue aux fins fonds du Labrador. Il était devenu ami avec un jeune Innu qui avait à peu près son âge et qui s'appelait David. Ils écoutaient le vieil Innu qui parlait de l'importance des carcajous. L'Aîné expliquait l'importance de cet animal dans la vie spirituelle des peuples autochtones.

« Dans notre culture nous avons beaucoup d'histoires au sujet des carcajous, a dit l'Aîné. Nous savons que le carcajou n'est pas un animal très sympathique. Dans nos histoires, il est intelligent mais un peu fou. Quand nous racontons, dans notre langue, des histoires de carcajou, nous sourions. Nous nous souvenons des drôles de situations dans lesquelles il se met.

« Nous avons des histoires au sujet des autres animaux et pourtant nous préférons raconter des histoires au sujet des carcajous. On le trouve dans notre histoire de la création du monde. David, veux-tu la raconter ? »

« Il y a très longtemps, a dit David, il a commencé à pleuvoir très fort et tout était inondé. Alors **Kuekuatsheu**, le carcajou, a construit un radeau et toutes les différentes sortes d'animaux sont montées dessus. Il a demandé à la loutre de plonger dans l'eau et de prendre de la terre. La loutre a refusé, alors il a demandé au vison. Le vison a accepté et a plongé dans l'eau.

« Il était parti très longtemps et Kuekuatsheu a commencé à s'inquiéter. Finalement, il a vu quelque chose flotter au loin. Kuekuatsheu a enfin découvert que c'était le vison et il avait de la terre et de la mousse dans une de ses pattes.

❖ ❖ ❖

Kuekuatsheu
(Kwè kwa jai o)

Les camps de chasse sont importants dans la façon de vivre des Innus.

« Le carcajou a soufflé sur la terre et la mousse et ainsi est né le monde. Plus il soufflait, plus la terre grossissait. Il a envoyé une oie voler autour du monde pour voir s'il était assez grand mais l'oie n'est pas revenue. Alors, il a envoyé un corbeau qui a eu tellement faim qu'il est rentré si maigre qu'il n'avait plus que la peau et les os. Le corbeau a décidé que le monde était assez grand. C'est comme ça que le monde où nous vivons, nous les humains et les animaux, a été créé. »

« Merci, David », a dit l'Aîné. Il a continué : « Nos histoires d'animaux nous enseignent aussi qu'il faut partager et s'occuper de la faune et qu'on ne doit pas être trop fiers de nous-mêmes. Dans la vie, nous respectons le carcajou à cause de son courage et de son endurance. » Au moment où l'Aîné a fini de parler, il a regardé le père de Robert et a dit : « On aimerait vraiment que notre bon vieux carcajou revienne sur nos terres. »

« Quels sont les autres animaux dans les histoires que vous racontez ? » a demandé Robert.

« J'imagine que c'est le caribou qui est le plus important, a répondu l'Aîné. Ils ont toujours été la source principale de nourriture pour notre peuple. Nous montrons beaucoup de respect pour les animaux que nous chassons. Nous croyons que le caribou s'offre à nous comme nourriture. Nous nous voyons partenaires

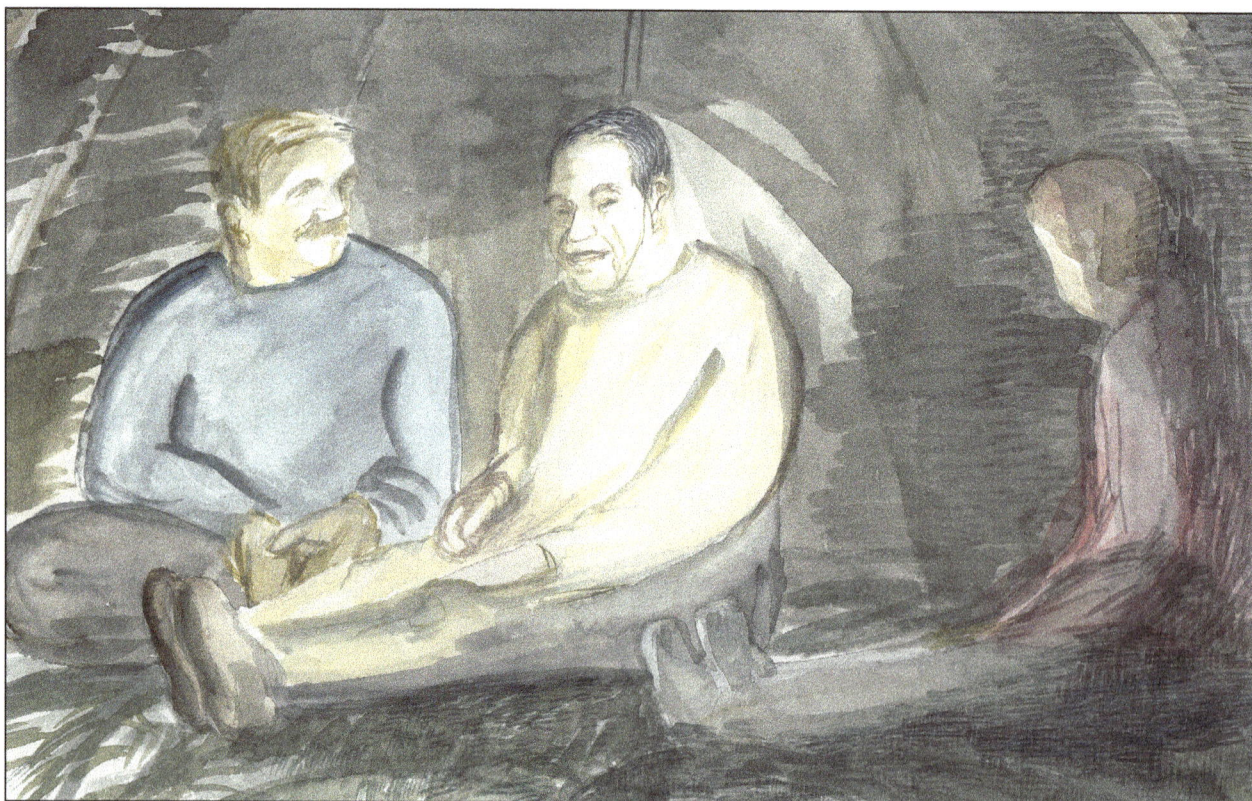

avec toutes les autres créatures dans la création. Nous remercions le caribou de s'offrir à nous comme nourriture.

« Autrefois, les Innus utilisaient les peaux pour se vêtir et pour faire des abris, mais aujourd'hui, nous les utilisons pour fabriquer des mocassins, des vestes et des trames de raquettes. Nous mangeons la chair et nous utilisons la peau pour fabriquer des vêtements et nous abriter. Nous traitons les restes avec beaucoup de respect.

« Nous ne laissons jamais traîner la carcasse d'un animal tué. Les chiens et les autres rapaces ne peuvent jamais les trouver. »

« Nous allons célébrer une autre fête bientôt et je t'en parlerai à ce moment-là », a murmuré David à Robert.

« Comment savez-vous où trouver les animaux que vous chassez ? » a demandé Robert. Il était fasciné par ce que racontait l'Aîné.

« Les Innus ont de l'expérience et savent trouver leur chemin mais nous dépendons toujours des personnes les plus âgées du village pour nous aider à trouver les animaux, a dit l'Aîné. Les Innus pensent que, dans leurs rêves, les anciens sont en contact avec le monde des esprits. C'est ainsi qu'ils apprennent où se trouvent les meilleurs endroits pour chasser.

« Ils partagent leurs connaissances avec les autres. À cause de la croyance que les Aînés sont en contact avec le monde des esprits, on leur montre un grand respect. »

« Ce que vous avez dit au sujet des Aînés qui sont en contact avec le monde des esprits ressemble à ce que fait un shaman », a dit Robert.

« Comment sais-tu ce que sont les shamans ? » a demandé l'Aîné tout surpris.

« Nous avons un peu étudié les shamans inuits dans notre classe d'enseignement religieux », a répondu Robert.

« C'est bien, Robert, a dit l'Aîné en souriant. Les shamans innus ressemblent aux shamans inuits. Il n'y a plus de shamans maintenant mais autrefois ils avaient un rôle très important. Je vais t'expliquer pourquoi.

« Nous croyons que nos shamans pouvaient communiquer avec le monde des esprits. Les bons esprits vivent dans un monde qui ressemble beaucoup au nôtre. Il y a des arbres, des montagnes et

➡️ **Pourquoi est-ce que le caribou est important pour le peuple innu ?**

des lacs. Nous croyons que notre peuple, les Innus, a vécu dans ce monde mais a dû le quitter. Il y avait un pont étroit qui reliait le monde des esprits et le monde dans lequel nous vivons maintenant. Le carcajou a été le premier animal à traverser le pont et le peuple innu l'a suivi. Un peu plus tard, une inondation a fait disparaître le pont.

« Nos shamans, comme ceux dont tu as entendu parler, ont continué à garder des contacts avec ce monde, en notre nom, grâce à des tambours et des chants. Ils pouvaient même faire venir les animaux sauvages à eux, comme les caribous par exemple.

« Nous croyons que tout est une question de respect, a continué l'Aîné. C'est la clé de nos croyances religieuses. Nous nous respections mutuellement et surtout les plus âgés parmi nous. Mais nous essayons aussi de maintenir de bonnes relations avec le monde des esprits et avec le monde naturel autour de nous. Les humains, les animaux et tout ce qu'on trouve dans la nature vivent ensemble et s'influencent les uns les autres. Nous devons vivre d'une façon qui permet à tout le reste de vivre autour de nous. Nous essayons de créer un équilibre. Nous essayons de ne pas polluer l'environnement et de ne pas trop chasser de chaque espèce.

« Nous avons la coopération des animaux que nous chassons en leur montrant du respect. Nous essayons de ne pas laisser les animaux dans des pièges pendant trop longtemps. Si nous ne les respectons pas, les animaux ne s'offriront pas à nos chasseurs. »

Le soleil avait disparu et il faisait nuit. Tout le monde était fatigué et, sans un mot, les gens se sont préparés à dormir. En s'enfonçant dans son sac de couchage près de son père, Robert lui a murmuré : « Papa, ces gens-là font vraiment attention à la terre et aux animaux qui y vivent, tu ne crois pas ? »

« Tout à fait, mon fils. Nous pouvons beaucoup apprendre de leurs façons de faire et de leurs croyances. » ❖

La terre et l'eau procurent de la nourriture aux Innus. En retour, les Innus traitent avec respect la terre, l'eau et les créatures vivantes. Ces hommes préparent des truites fumées qui se conservent beaucoup plus longtemps que les truites fraîches.

Discussion

❑ Qu'avez-vous appris au sujet des traditions et des croyances autochtones en lisant l'histoire de Robert et son père avec les Innus du Labrador ?

❑ Le titre de cette histoire est « Partager la terre ». Qu'est-ce que ça veut dire ? Pourquoi les autochtones pensent-ils qu'il est important de partager la terre ?

Activité créatrice

❑ Le carcajou est un animal important pour les Innus. Fais un dessin qui représente son importance et les valeurs ou les idées qu'il symbolise.

La fête Makushan

En bref

Robert et David participent à un repas spécial. Robert découvre des valeurs spirituelles des autochtones.

Le lendemain, il faisait beau au camp innu. Robert a rencontré David et ils se sont promenés en regardant les gens qui travaillaient à différentes activités.

« Aujourd'hui, nous avons une fête. C'est un repas rituel que nous appelons **Makushan** », a expliqué David.

❖ ❖ ❖

Makushan
(Moh koh shan)

Robert savait ce que c'était un rituel. C'était une cérémonie où on faisait un nombre de choses dans un ordre précis. Diane avait expliqué pendant une de leurs rencontres de jeunes que la communion, qui a lieu à l'église, est un rituel. La communion, c'est quand l'assemblée vient à l'avant de l'église pour partager le pain et le vin qui symbolisent le corps et le sang du Christ.

Il se souvenait aussi qu'il avait entendu parler de la Pâque à l'école. Pendant cette fête, il y a un repas rituel qui s'appelle le Seder. Le Seder est plein de signification religieuse et aide les gens à comprendre leur foi. Alors, il a pensé que le repas de Makushan devait être important pour les Innus.

David a continué à expliquer Makushan. « Le repas et les activités qui ont lieu après durent longtemps, alors prépare-toi. D'abord, les os de pattes de caribou sont broyés et on les fait bouillir. Un des plus vieux chasseurs surveille l'opération pour s'assurer que c'est bien fait. »

« Qu'est-ce qui se passe quand les os de pattes ont bouilli ? » a demandé Robert.

« On sépare la graisse de la moelle qui se trouve dans les os. On prépare des gâteaux avec la moelle et la graisse », a dit David.

Plus tard ce jour-là, tous les gens qui avaient participé à la chasse se sont assis sur des branches sous une grande tente. Robert a reconnu le rôti de viande de caribou et il a supposé que l'autre plat, c'étaient les galettes de moelle et de graisse. Il y avait aussi des galettes de pain appelées « bannique ».

Robert a remarqué un homme qui allait partout et qui semblait tout inspecter. « Que fait cet homme ? » a demandé Robert.

« C'est un aîné et il doit s'assurer que nous suivons tous les règles de la fête, par exemple, que l'on ne laisse rien tomber par terre et que l'on n'enlève rien de la tente. L'Aîné vérifie que l'on se débarrasse des restes comme il faut », a dit David.

« Pourquoi faut-il s'inquiéter des restes ? » a demandé Robert.

« Il faut s'assurer qu'ils sont traités avec respect et qu'ils ne seront pas mangés par les chiens, a répondu David. Tu vois, ce repas montre que nous dépendons les uns des autres quand nous vivons dans la nature et que nous partageons ce que nous y trouvons. Cela montre aussi notre respect pour celui que nous appelons le maître des caribous parce que le caribou nous fournit tant de choses. »

Plus tard, la nourriture était finalement prête à manger et le festin a commencé. Robert a remarqué que les gens semblaient manger dans un certain ordre : les Aînés commençaient les premiers, puis les autres hommes, suivis des femmes et finalement les enfants. David et Robert se sont assis dans un coin sombre et ont mangé leurs parts.

Au bout d'un certain temps, quelqu'un a commencé à taper doucement sur un tambour. Les gens ont commencé à se lever et à danser en cercle, dans le sens des aiguilles d'une montre autour du centre de la tente. Ils riaient ensemble et se disaient des mots d'encouragement en se déplaçant au son du tambour. Il était tard et pourtant, d'autres personnes se sont levées pour danser. On a fait passer de la nourriture aux gens qui participaient à différents jeux.

Le chanteur Uitshimukun Apenum Nui,
1996, Sheilagh Harvey

Robert appréciait l'atmosphère joyeuse sous la tente et aimait regarder ce qui se passait. Le rituel s'est terminé très tard, mais tout le monde s'amusait toujours. Robert, lui, luttait contre le sommeil.

« Qu'est-ce qu'on doit faire maintenant ? » a demandé Robert.

« Il faut nettoyer, a répondu David. Tu dois prendre ce morceau de tissu, essuyer ta bouche et ton assiette aussi. Puis tu jettes le tissu dans le feu. Souviens-toi, tu dois faire attention aux déchets. C'est notre façon de montrer le respect envers les animaux. »

Puis tout le monde est rentré sous sa tente. Robert pensait à un tas de choses. Il se souvenait de ce qu'il avait vu dans la réserve de Miawpukek, à Conne River parmi les Mi'kmaq.

David a dit bonne nuit à Robert et à M. Kerfont.

Robert et son père parlaient en se dirigeant vers la tente. « As-tu apprécié la fête de Makushan, mon fils ? »

« Oui, Papa. J'ai appris beaucoup de choses. Les Innus attachent beaucoup d'importance au respect, n'est-ce pas ? »

« C'est certain. »

En s'installant confortablement dans son sac de couchage, Robert pensait au tambour et aux danses qu'il venait de voir. Il a souri et s'est endormi. ❖

Un camp innu

Discussion

❏ Quelle est la signification de la fête de Makushan ? Pourquoi est-il important de ne pas jeter les déchets des repas ?

Activité créatrice

❏ La fête Makushan est un rituel. C'est un repas dans lequel on fait des choses dans un ordre précis. Crée une série d'illustrations qui montrent l'ordre des préparatifs et le rituel de la fête.

Réflexion

❏ David décrit les plats qui sont préparés spécialement pour la fête de Makushan. Pense à d'autres sortes de nourriture qui sont préparées spécialement pour un rituel, soit un repas ou une célébration.

❏ Robert apprend que les gens dansent au son d'un tambour et font des jeux pendant la fête de Makushan. Pense à d'autres célébrations ou rituels dans d'autres religions. À quelles sortes d'activités participent les gens ? Y a-t-il des activités qui sont réservées à certaines personnes ?

Mettre sa foi en action

En bref — Toutes les religions enseignent que nous devrions nous occuper des autres.

« Oh ! que ça a l'air vide », a dit Michèle quand elle est entrée dans la classe avec Robert. C'était le dernier lundi de l'année scolaire. La plupart des dessins et des affichages qui avaient décoré la classe pendant l'année scolaire avaient été enlevés.

« C'est sûr, même le bruit est différent, a dit Robert. Il y a un écho. »

Quand les élèves étaient tranquilles, M. Aziz a dit : « La salle est plutôt triste. Mais il fait beau dehors. Allons dehors pour notre classe d'enseignement religieux. »

« Est-ce que l'on doit apporter quelque chose ? » a demandé Catherine.

« Simplement vos idées au sujet de la justice sociale », a répondu M. Aziz.

« Sur quoi ? » a demandé Robert.

« Allez, sortons ! Je vais vous expliquer quand nous serons dehors », a ajouté M. Aziz.

Quand les élèves se sont assis sur la pelouse de l'école, M. Aziz a commencé : « Regardez autour de vous. Que voyez-vous ? »

Les élèves ont fait des commentaires sur l'herbe, les arbres, les fleurs et la magnifique Baie des Îles.

« Oui, a dit M. Aziz. Nous sommes chanceux de vivre dans un monde magnifique, un monde qui peut offrir aux gens tout ce qu'il leur faut. »

« Mais tous les gens n'ont pas tout ce qu'il leur faut », a répondu Josée.

« C'est très vrai, a ajouté M. Aziz. Et, c'est exactement de ça que je veux parler aujourd'hui. En fait, nous en avons parlé pendant toute l'année. Nous avons discuté de sujets comme la pauvreté et les sans-abri. Quand les gens sont privés de leurs droits fondamentaux, il est question de justice sociale. Quelquefois, les gouvernements y répondent en faisant des lois pour protéger les droits humains. Au Canada, par exemple, nous avons la Charte des droits et libertés.

« Aujourd'hui, je voudrais que vous compreniez que toutes les religions enseignent que nous devons nous occuper des autres. Toutes les religions ont des enseignements concernant la justice sociale et les droits de la personne même si ces mots-là ne sont pas souvent utilisés.

« Les croyants font différentes choses pour aider ceux parmi eux qui ont moins de chance. Ils s'inspirent des enseignements de leurs écritures saintes ou des enseignements de leurs aînés. »

Robert avait une question. « Que dit l'islam à ce sujet ? »

« C'est une bonne question, Robert, a répondu M. Aziz. Connais-tu la réponse Hameed ? »

« Oui, a répondu Hameed. Ça remonte aux débuts de l'islam. Dès le début, Mahomet a enseigné qu'il ne faut pas garder trop d'argent. Il a dit que la richesse devrait être utilisée pour s'assurer qu'on s'occupe de ceux qui sont dans le besoin.

« Te souviens-tu, a continué Hameed, que le mot « islam » veut dire soumission ? Les musulmans se soumettent totalement à Allah et à son

CHARTE CANADIENNE DES DROITS ET LIBERTÉS

Le Canada est fondé sur des principes qui reconnaissent la suprématie de Dieu et la primauté du droit :

Droits et libertés

1. *La Charte canadienne des droits et libertés* garantit les droits et libertés qui y sont énoncés. Ils ne peuvent être restreints que par une règle de droit, dans des limites qui soient raisonnables et dont la justification puisse se démontrer dans le cadre d'une société libre et démocratique.

Libertés fondamentales

2. Chacun a les libertés fondamentales suivantes : a) liberté de conscience et de religion ; b) liberté de pensée, de croyance, d'opinion et d'expression, y compris la liberté de la presse et des autres moyens de communication ; c) liberté de réunion pacifique ; d) liberté d'association.

Ci-dessus, les deux premières parties de la Charte canadienne des droits et libertés

exigence qu'ils devraient traiter avec respect, justice et attention tout le monde. Les musulmans doivent donner de l'argent aux pauvres et ils doivent jeûner pendant le Ramadan. Ainsi, les musulmans se rappellent que les pauvres n'ont pas tout ce que la plupart des gens tiennent pour acquis. »

« L'islam, le christianisme et la spiritualité autochtone enseignent que nous devrions nous occuper de ceux qui ont moins de chance que nous », a dit M. Aziz.

« D'autres religions enseignent cela aussi. Les enseignements du sikhisme, par exemple, affirment que tous les humains sont égaux. Le bouddhisme enseigne l'empathie et la compassion pour ceux qui souffrent. Le baha'isme enseigne que nous avons tous les mêmes racines. La spiritualité autochtone se sert du cercle de guérison pour écouter les problèmes et discuter les solutions. C'est ainsi que tous les gens savent qu'ils ont une place importante dans la communauté. En fait, on peut dire que tous les systèmes de croyances enseignent qu'il est important de s'occuper des autres.

« Tous ces enseignements sont excellents. Mais, si on n'agit pas, ça ne sert pas à grand-chose. Pensons à ce que nous pouvons faire dans notre vie de tous les jours pour agir en fonction de nos convictions. Certains d'entre vous le font déjà. »

« On le fait ? Comment ? » a demandé Josée.

« Par exemple en aidant avec le jardin de paix que nous construisons », a répondu M. Aziz.

« Maintenant, pendant quelques jours, je veux que vous pensiez à certains problèmes en rapport avec les droits de la personne qui sont importants pour vous. Nous allons écrire un énoncé de croyance et un plan d'action. »

« Qu'est-ce que c'est qu'un énoncé de croyance ? » a demandé Gérard.

« C'est une phrase avec tes mots à toi qui exprime clairement une croyance qui est très importante pour toi. Pense aux différentes religions que nous avons étudiées cette année. Maintenant, pense à tes propres croyances. Un plan d'action découle de ces croyances. Il dit ce que tu feras grâce à cette croyance. N'oublie pas qu'il y a des tas de gens différents qui font ce qu'ils peuvent pour améliorer le monde. Certains sont inspirés par une foi particulière alors que d'autres ne suivent aucune religion ni aucun enseignement spirituel. Les gens sont inspirés ou motivés de différentes façons. Nous reviendrons ici vendredi matin pour discuter ces engagements. Si vous le voulez, vous pourrez les partager. »

Robert a réfléchi à son énoncé de croyance. Au début, il n'avait pas d'idées. Puis, au moment du repas, il a remarqué une photo sur le babillard de la cuisine. Elle avait été prise quand il était à Toronto avec son père.

La photo lui a rappelé les sans-abri. Alors, il a su ce qu'il écrirait dans son énoncé de croyance. Il a couru vers sa chambre et a écrit :

ÉNONCÉ DE CROYANCE : Je crois que tout le monde devrait avoir assez de nourriture pour être en bonne santé.

PLAN D'ACTION : Je vais donner un dixième de l'argent que je gagnerai cet été à la banque alimentaire.

Hameed avait lui aussi passé du temps à réfléchir à son énoncé de croyance. Plus tard ce soir-là, il a écrit :

ÉNONCÉ DE CROYANCE : Je crois que toute personne a la responsabilité de s'occuper des gens de sa communauté qui sont dans le besoin.

PLAN D'ACTION : Je vais faire du bénévolat un après-midi par semaine. Je ferai des choses que les gens ne peuvent pas faire eux-mêmes et je passerai du temps avec les personnes âgées que je connais.

Michèle a passé la soirée à aider son père à ranger le garage. Elle a trouvé plusieurs cageots en plastique pendant qu'ils rangeaient leur matériel de camping. Les cageots en plastique lui ont donné une idée pour son énoncé de croyance.

ÉNONCÉ DE CROYANCE : Je crois que les gens devraient réfléchir à la manière dont ils peuvent prendre soin de l'environnement.

PLAN D'ACTION : Je vais lancer un programme de recyclage pour ma famille et je vais leur parler des choses que nous pouvons recycler à la maison.

Vendredi, la classe de M. Aziz s'est réunie pour la dernière fois. Robert, Hameed et d'autres élèves ont partagé leurs plans d'actions. Certains allaient nettoyer l'environnement et d'autres allaient continuer à ramasser de l'argent pour le jardin de paix. Il y a eu beaucoup d'autres idées.

M. Aziz était content. « Vous avez l'air de bien comprendre l'importance de vos croyances et de vos actions. Voilà des réponses personnelles qui sont excellentes. Si chacun d'entre vous fait quelque chose, le monde sera meilleur. » ❖

Les gens aident ceux dans le besoin et ceux dont les droits ne sont pas respectés. Ces femmes apportent une aide à une communauté qui n'a pas de ressources médicales ni d'argent pour les traitements.

Discussion

❑ Les enseignements religieux peuvent inciter les gens à agir et à aider ceux qui ont moins de chance qu'eux. Qu'est-ce qui t'incite à faire quelque chose de bien ?

❑ Dans cette histoire, M. Aziz explique que des gens de partout ont appris à s'occuper des autres. Pense à comment tu montres aux autres que tu t'occupes d'eux : à tes amis, à ta famille et à tes animaux domestiques. Qui ou qu'est-ce qui t'a appris à croire qu'il faut s'occuper des autres ? Partage avec la classe tes réflexions.

Réflexion

❑ Réfléchis à tes croyances sur les droits de la personne et la justice sociale. Écris ton propre énoncé de croyance. Pense à quelque chose que tu pourrais faire pour que cette croyance devienne une action.

Différentes façons de voir

En bref   Les élèves de M. Aziz réfléchissent à ce qu'ils ont appris cette année en enseignement religieux.

La pluie était chaude ce matin-là. Josée et Robert marchaient vers l'école.

« Je ne peux pas croire que l'année scolaire soit presque terminée », a dit Josée.

« Moi non plus, a ajouté Robert. Je me demande ce que nous allons faire aujourd'hui. Penses-tu que M. Aziz a préparé quelque chose de spécial ? »

« On verra bien quand on arrivera à l'école », a répondu Josée.

« C'est une de nos dernières classes d'enseignement religieux cette année, a commencé M. Aziz. C'est un bon moment pour réfléchir à ce que nous avons appris sur les différentes religions. Aujourd'hui, j'aimerais que chacun de vous choisisse une religion que nous avons étudiée. Puis, je veux que vous vous concentriez sur un des aspects de cette religion qui vous intéresse vraiment. »

Michèle a levé la main. « Est-ce que ça doit être une religion que nous avons étudiée cette année ? » a-t-elle demandé.

« Non, pas forcément, a répondu M. Aziz. Beaucoup de sujets dont nous avons

parlé, comme faire la paix et s'occuper de ceux dans le besoin font partie des systèmes de croyances que nous avons étudiés à l'école élémentaire. Tu peux choisir n'importe laquelle des religions que nous avons étudiées cette année ou dans les années précédentes.

« Je voudrais que vous prépariez une exposition. Écrivez vos idées et utilisez des photos et des dessins pour illustrer

ce que vous avez appris au sujet de cette religion.

« Il y a beaucoup de magazines et de journaux au fond de la classe que vous pouvez utiliser. Vous pouvez aussi discuter vos idées avec vos camarades de classe pendant que vous travaillez.

« Quand tout le monde aura terminé, nous inviterons la classe de cinquième année de Mme Bourdieux à venir nous voir. Soyez prêts à parler de vos collages et à répondre à leurs questions. Avez-vous des questions ? »

M. Aziz a regardé la classe. Ses élèves avaient l'air enthousiaste et ils étaient prêts à commencer leurs projets.

« Bien, beaucoup d'entre vous ont déjà l'air d'avoir des idées. Allons-y ! »

Josée a parlé à Hameed pendant qu'elle choisissait des magazines. « J'aimerais faire mon projet sur le Hajj. Est-ce qu'on peut en parler pendant qu'on travaille ? »

« Bien sûr, a répondu Hameed. Je crois que j'aimerais faire le mien sur l'importance de Jésus pour les chrétiens. »

Les élèves ont mis leurs pupitres ensemble, ont rassemblé tout le matériel nécessaire et se sont mis au travail.

Tous les projets étaient terminés pour la classe suivante. M. Aziz a demandé aux élèves d'afficher leurs collages dans la classe.

☪ ISLAM

La pratique musulmane du Hajj est quelque chose que j'ai trouvé très intéressante dans la religion de l'islam. Participer à un pèlerinage est un des cinq piliers de l'islam qui représentent les enseignements fondamentaux de cette religion. Tous les musulmans essaient de faire le pèlerinage à La Mecque une fois dans leur vie. Je crois que c'est très important parce qu'ils peuvent remplir leur devoir religieux. Ils peuvent aussi exprimer leur foi avec des gens de différents pays qui font partie de leur communauté religieuse.

Le cube noir au milieu est la Ka'ba.

La Mecque

par Josée

LE JUDAÏSME

par Gérard

J'ai bien aimé faire des latkes et jouer au dreidel l'année dernière quand on a étudié le judaïsme. On a appris que Hannoukka est une célébration juive qui dure huit jours et qui s'appelle aussi la fête de la purification du Temple ou la fête des lumières. Hannoukka marque le moment où le temple juif de Jérusalem a été rouvert et les juifs ont pu pratiquer leur religion en toute liberté. Il y avait assez d'huile dans la lampe pour éclairer le temple pendant une nuit mais la lampe a brûlé huit jours. C'est pour ça que la menorah de Hannoukka a neuf chandelles. Il y a une chandelle pour les huit jours de Hannoukka et une chandelle supplémentaire qui s'appelle le chamach.

Il ne reste plus que le Mur des lamentations du temple juif de Jérusalem.

Allumage de la menorah de Hannoukka

Le Christianisme

par Hameed

Jésus est important pour les chrétiens de toutes les confessions. C'est un personnage historique dont les enseignements guident les chrétiens. Les chrétiens appellent Jésus le fils de Dieu. La Bible est le texte sacré des chrétiens et beaucoup d'entre eux la lisent pour apprendre des choses sur les enseignements chrétiens. Jésus a enseigné beaucoup de choses dont l'importance de pardonner à ceux qui vous ont blessé ou maltraité. Jésus était jeune quand il est mort et les chrétiens croient qu'il est ressuscité. Pâques est une célébration chrétienne de la résurrection de Jésus.

Les églises sont souvent décorées avec des fleurs pour Pâques pour célébrer la résurrection du Christ.

La bougie pascale se trouve près de l'autel.

Le Bouddhisme

Le dalaï lama

La roue du Dharma

Je me souviens d'une chose au sujet du bouddhisme, c'est qu'il y a trois trésors ou bijoux et qu'ils sont le Bouddha, le Dharma et Sangha. Le Bouddha n'est pas considéré comme un dieu mais comme un professeur qui montre le chemin de l'illumination aux gens. Les enseignements fondamentaux du bouddhisme sont les Quatre nobles vérités et le Chemin en huit étapes. La communauté des moines et des religieuses bouddhistes s'appelle Sangha. Le chef spirituel des bouddhistes tibétains s'appelle le dalaï lama. Il dit que sa religion est bonté.

par Joseph

LE BAHA'ISME

par Catherine

Une chose qui me semble importante dans le baha'isme, c'est que son fondateur a enseigné que tous les êtres humains font partie d'une seule famille. Il y a une croyance baha'ie que la famille humaine est comme un arbre et que les branches sont comme différents types de personnes partout dans le monde. Les gens sont les feuilles, les fruits et les fleurs de l'arbre. L'arbre est un symbole qui démontre que nous sommes tous liés, comme le croient les baha'is.

Le temple du Lotus à New Delhi est un des lieux de culte principaux pour les baha'is.

L'HINDOUISME

par Michèle

Lakshmi

Vishnou

Rama

Au début, je ne comprenais pas bien quand j'ai entendu parler de ces différents dieux et déesses de l'hindouisme. Cependant, maintenant je comprends que même si Dieu prend différentes formes et différents noms dans l'hindouisme, il n'y a qu'un Dieu. Pour aider les hindous à comprendre les différents enseignements de Dieu, on utilise beaucoup de symboles, d'images et d'histoires pour représenter Dieu. Par exemple, le Ramayana est une histoire au sujet d'un dieu appelé Hanuman et des aventures de Rama. Le Ramayana et le Mahabharata forment deux des livres religieux les plus importants de l'hindouisme.

Le Sikhisme

Le Gourou Granth Sahib

Le Temple d'or, à Amritsar en Inde

Nous avons étudié le sikhisme l'an dernier. Je me souviens que je pensais que c'était intéressant que les sikhs considèrent leurs écritures saintes comme un professeur. On l'appelle le Gourou Granth Sahib et « gourou » veut dire professeur. Le livre sacré est conservé dans un endroit spécial dans la gurdwara, qui est le nom d'un temple sikh, ou chez des gens. Les gens s'inclinent devant le Gourou Granth Sahib pour montrer leur révérence et leur respect pour les enseignements de ce livre. Parfois, il y a une lecture continue pendant laquelle on lit tout le Gourou Granth Sahib sans s'arrêter. Plusieurs personnes participent à cette lecture pour qu'il n'y ait pas d'interruption quand quelqu'un est fatigué ou qu'il a faim.

par Samantha

La Spiritualité des Autochtones

par Robert

Mon père et moi sommes allés à la réserve de Miawpukek à Conne River. Une croyance mi'kmaq intéressante est que tout l'univers est rempli d'un esprit qui s'appelle Manitou. Les gens, les animaux et toutes les choses sur Terre sont remplis du Manitou et sont tous considérés égaux. Il est alors important de montrer du respect pour toutes les créatures vivantes.

Les Innus pensent aussi que tous les éléments de la création sont liés les uns aux autres. Ils croient qu'il est important d'essayer de créer un équilibre entre les humains et l'environnement. Ils montrent leur respect pour le caribou lors de la fête de Makushan, un rituel sous forme de repas.

Les Inuits sont un groupe autochtone qui a ses propres croyances. Beaucoup d'Inuits sont moraviens, même s'ils conservent toujours certaines croyances traditionnelles. J'ai été très intéressé d'apprendre que les Inuits croient que l'aurore boréale, c'est en fait les esprits de gens morts qui jouent au football.

L'aurore boréale

Conne River

« Bravo, tout le monde ! a dit M. Aziz. Je crois que vous avez tous fait ressortir des points importants des systèmes de croyances que nous avons étudiés ces trois dernières années. Même si chaque système de croyances ou religion a ses propres croyances et pratiques, il est important de comprendre en quoi ses adeptes croient et pourquoi. »

Après la récréation, les élèves ont accueilli la classe de Mme Bourdieux. Certains élèves étaient timides au début, mais ils se sont vite détendus et ils ont parlé avec les élèves de M. Aziz.

« Je me souviens d'avoir étudié le Gourou Granth Sahib, a dit Jenny, une des élèves de la classe de Mme Bourdieux. Nous en avons parlé en classe d'enseignement religieux. »

Une autre élève, Stacey, a dit à Michèle : « Nous avons étudié l'hindouisme aussi. J'aime bien comment tu as expliqué pourquoi il y a autant de dieux. » Stacey a raconté sa visite au temple hindou pendant les vacances de Pâques où elle a vu la statue de Krishna.

Dans une autre partie de la classe, Robert parlait avec Kevin.

« Nous n'avons pas encore étudié la spiritualité autochtone, a expliqué Kevin. Peux-tu m'expliquer pourquoi les Inuits pensent que l'aurore boréale, c'est en fait des morts qui jouent au football ? »

« Bien sûr, a dit Robert. C'est très intéressant. » M. Aziz écoutait Robert expliquer la légende. Tous les élèves de la classe de M. Aziz partageaient ce qu'ils avaient appris avec ceux de la classe de Mme Bourdieux.

Quand la classe de Mme Bourdieux est repartie, M. Aziz a félicité ses élèves pour leurs présentations.

« Formidable, tout le monde ! J'ai remarqué que vos collages vous ont aidés à vous faire de nouveaux camarades et à apprendre de nouvelles choses. Nous apprenons des choses au sujet des autres religions, et nous commençons à mieux nous comprendre les uns les autres.

« Pendant l'été, j'espère que vous prendrez le temps de penser à tout ce que vous avez appris. Pensez à ceux qui travaillent pour la paix, à ceux qui aident les gens qui en ont besoin et à ceux qui créent un équilibre avec l'environnement. Pensez à vos propres croyances. Comment est-ce que ce que vous avez appris cette année vous a aidé à former vos propres croyances et vos propres idées ?

« Nous avons beaucoup appris les uns des autres, cette année. Je vous remercie d'avoir participé aux discussions. »

Les élèves ont souri. M. Aziz avait raison. Ils avaient beaucoup appris de lui et les uns des autres.

La cloche a sonné et les élèves sont sortis.

« Eh, a dit Robert. Voilà le soleil. » Les élèves sont allés vers la cour de récréation. ❖

Activité créatrice

❑ Fais un collage au sujet d'un système de croyances ou d'une pratique religieuse que tu as étudié pendant la classe d'enseignement religieux.

Réflexion

❑ Relis ce que tu as écrit dans ton journal de bord. En quoi ce que tu as appris sur les différents systèmes de croyances a-t-il eu un impact sur toi ? Dans ton journal, explique en quoi ta perspective a changé ou ce que tu comprends mieux grâce à quelque chose que tu as appris cette année.

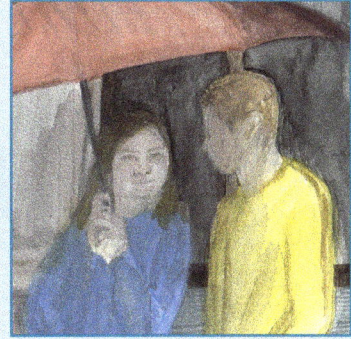

Retour en arrière

Les croyances religieuses expliquent souvent pourquoi les gens agissent d'une certaine manière. Relis les histoires dans cette partie de ton manuel et réponds aux questions suivantes : Qui aurait pu dire ces paroles ? Qu'a fait le personnage qui parle ? Quelle croyance religieuse aurait pu inciter le personnage à agir de cette manière ?

- « J'ai prié toute la nuit quand mon bateau de pêche a été pris dans une tempête. »

- « Nous devons vivre d'une manière qui permet à tous les autres de vivre autour de nous. »

- « Je veux que les enfants de Haïti boivent de l'eau potable. »

- « Je veux que le carcajou vive à nouveau dans cette région. »

- « Je crois que tous les gens devraient avoir assez de nourriture pour être en bonne santé. »

- « Nous prions cinq fois par jour. »

Remerciements (illustrations)

Nous avons fait tout notre possible pour identifier et remercier les propriétaires du matériel réimprimé dans ce manuel. Afin de corriger toute erreur ou omission dans une prochaine édition, nous vous serions reconnaissants de bien vouloir nous les signaler.

www.ingramcontent.com/pod-product-compliance
Lightning Source LLC
Chambersburg PA
CBHW050926150426
42812CB00051B/2433